VIVA 1
Diagnose und individuelle Förderung

von
Birthe Schulz-Kullig

Vandenhoeck & Ruprecht

Bibliografische Information der Deutschen Nationalbibliothek

Die Deutsche Nationalbibliothek verzeichnet diese Publikation in der Deutschen Nationalbibliografie; detaillierte bibliografische Daten sind im Internet über http://dnb.d-nb.de abrufbar.

ISBN 978-3-525-71085-2
ISBN 978-3-647-71085-3 (E-Book)

© 2013, Vandenhoeck & Ruprecht GmbH & Co. KG, Göttingen/
Vandenhoeck & Ruprecht LLC, Bristol, CT, U.S.A.
www.v-r.de
Alle Rechte vorbehalten. Das Werk und seine Teile sind urheberrechtlich geschützt. Jede Verwertung in anderen als den gesetzlich zugelassenen Fällen bedarf der vorherigen schriftlichen Einwilligung des Verlages.
Printed in Germany.

Satz: SchwabScantechnik, Göttingen
Druck und Bindung: CPI buchbücher.de, Birkach

Gedruckt auf alterungsbeständigem Papier.

V&R

Inhalt

Wie man dieses Buch nutzen kann 6

Diagnosetests zu den Lektion 1–17 8

Freiarbeitsmaterial zur individuellen Förderung
Lektion 1 25
Lektion 2 29
Lektion 3 32
Lektion 4 35
Lektion 5 39
Lektion 6 42
Lektion 7 46
Lektion 8 50
Lektion 9 55
Lektion 10 58
Lektion 11 61
Lektion 12 64
Lektion 13 68
Lektion 14 71
Lektion 15 75
Lektion 16 78
Lektion 17 81

Lösungen der Tests 85
Lösungen zum Freiarbeitsmaterial 92

Wie man dieses Buch nutzen kann

Für wen ist dieses Buch gedacht?
- für Lehrer als Kopiervorlage (Tests, Freiarbeitsmaterial)
- für Schülerinnen und Schüler zum zusätzlichen Üben zu Hause
- für die Nachhilfe (Diagnose und Übung)

Was kann es und was will es?
Ziel dieses Buch ist es, konkret die in den Curricula und Lehrplänen geforderten Kompetenzen abzuprüfen und zu trainieren. Zentral ist dafür die klare Trennung von Kompetenzerwerb und -überprüfung, und genau das gibt die Struktur der Materialien vor: Zuerst geben die Diagnosetests die Möglichkeit, das eigene Wissen zu überprüfen und mögliche Schwachstellen zu identifizieren. Danach bieten die Freiarbeitsmaterialien die Chance, gezielt einzelne Kompetenzbereiche zu stärken.

Dieses Buch stellt sich der Herausforderung, konkret einzelne Kompetenzen zu überprüfen, die sich z.B. beim Übersetzen naturgemäß vermischen. Die einzeln überprüfbaren Kompetenzen fallen in die Bereiche Sprache und Kultur, auf diese konzentrieren sich die Tests. Der Bereich der Textkompetenz baut auf den anderen beiden auf: Für die angemessene Übertragung eines lateinischen Textes ins Deutsche benötigt man alle Kompetenzbereiche, weshalb die Übersetzung zum Anforderungsbereich III zählt.

Da ich die Probleme an der Wurzel packen möchte, geht dieses Material vor allem auf die Grundlagen des Übersetzens ein, d.h. auf Wortschatz und Formenlehre.

Diagnosetests
Die Tests dienen in erster Linie als schnell und unkompliziert einsetzbares Diagnoseinstrument: Verfügen die Schülerinnen und Schüler über die Kompetenzen, die sie in dieser Lektion erwerben sollten? Sie sind daher so kurz gehalten, dass eine Bearbeitungszeit von 10 Minuten ausreichen sollte.

Eine Lösung ist hinten im Lösungsteil integriert, sodass die Schülerinnen und Schüler die Korrektur auch selbst übernehmen können. Natürlich können die Tests auch als Vorlage für kurze benotete Lernzielkontrollen genutzt werden.

Aufbau der Diagnosetests
Die Tests beginnen mit einer Selbsteinschätzung, um das Reflexionsvermögen über die eigenen Fähigkeiten zu trainieren.

Danach folgt die Überprüfung der Selbsteinschätzung – zu jeder Kompetenz gibt es entsprechend eine Übung: eine kurze Wortschatzabfrage, einige Übungen zu der neuen Grammatik der Lektion und eine Wissensfrage zur Kulturkompetenz. So können die Schülerinnen und Schüler durch das Bearbeiten der Aufgaben überprüfen, wie korrekt ihre Einschätzungen waren, und ihre Stärken und Schwächen identifizieren.

Die Inhalte der Tests sind auf die einzeln überprüfbaren Kompetenzbereiche reduziert: Wortschatz, Formenlehre, Syntax und Kulturwissen.

Die Aufgabenstellung ist verhältnismäßig einfach und verzichtet größtenteils auf das Übersetzen ganzer Sätze. Denn bei einer so komplexen Aufgabe wie dem Übersetzen vermischen sich die einzelnen Kompetenzbereiche, sodass eine eindeutige Diagnose der Stärken und Schwächen schwer möglich ist.

Übungsmaterial
Die Übungsmaterialien können gut zur individuellen Förderung – aufbauend auf den Diagnose-Ergebnissen) – oder auch als Freiarbeitsmaterialien eingesetzt werden. Einige der Übungen (vor allem die spielerischer Art) lassen sich am besten in Partner- oder Gruppenarbeit bearbeiten.

Folgende Übungstypen kommen vor:

- Wortschatz: Vokabelmemory
  Vokabeltabu

- Formen: Ausmalübungen
  Formenwürfeln
  Formendomino
  Formenpuzzle
  Zuordnen von KNG-kongruenten Wörtern

- Syntax: Zuordnen von korrekten Übersetzungen
  Satzpuzzle

- Text: Zuordnen von Bildern zu Texten, Ordnen von Sätzen
  Malen von Textinhalten

- Kultur: Lückentexte zu kulturellem Wissen
  kulturelle Vergleiche
  »Richtig-oder-falsch?« Ankreuz-Übungen

Neben den Lösungen im Anhang enthalten viele Übungen auch bereits ein Lösungswort.

Was braucht man zusätzlich?

- ab und zu einen sechsseitigen Würfel
- öfter einen oder mehr Partner für die Lernspiele
- kopierte Seiten, nach Wunsch vergrößert und laminiert
- Schere und Malstifte

Göttingen, Oktober 2012
Birthe Schulz-Kullig

Diagnosebogen zu Lektion 1

Schätze dich zuerst selbst ein. Bearbeite dann die Aufgaben und überprüfe anhand der erreichten Punkte deine Selbsteinschätzung.

Ich kann ...

	6–5 ☺	4,5–3 ☹	2,5–0 ☹
... die Bedeutungen der neuen Lernwörter richtig angeben (Wortschatz).			
... die Formen im Singular und Plural unterscheiden (Grammatik).			
... Subjekt und Prädikat bestimmen und übersetzen (Grammatik).			
... erklären, wie sich ein römischer Männername zusammensetzt (Kultur).			

1. Gib die deutschen Bedeutungen an. (1 Punkt pro Wort)

adesse _____   subito _____

silentium _____   debere _____

filia _____   iam _____

2. Bestimme, welche Wörter im Singular, welche im Plural stehen. Kreuze an. (1 Punkt pro Form)

	Singular	Plural
servi		
filia		
negotia		

	Singular	Plural
dominus		
debent		
habitat		

3. Unterstreiche die Satzglieder: Subjekt (blau), Prädikat (rot). Dann übersetze in angemessenes Deutsch.
(2 Punkte pro Satz: Satzglieder 1, Übersetzung 1)

a) Caper non paret. _____

b) Servus adest. _____

c) Liberi veniunt. _____

4. Erkläre anhand eines Beispiels, wie sich ein römischer Männername zusammensetzt.

_____

_____

_____

Diagnosebogen zu Lektion 2

Schätze dich zuerst selbst ein. Bearbeite dann die Aufgaben und überprüfe anhand der erreichten Punkte deine Selbsteinschätzung.

	6–5	4,5–3	2,5–0
	☺	😐	☹
Ich kann …			
… die Bedeutungen der neuen Lernwörter richtig angeben (Wortschatz).			
… die Formen des Akkusativs erkennen (Grammatik).			
… Subjekt, Prädikat, Objekt bestimmen und übersetzen (Grammatik).			
… eine römische Familie mit einer deutschen vergleichen (Kultur).			

1. Gib die deutschen Bedeutungen an. (1 Punkt pro Wort)

necesse est _____   dicere _____

tandem _____   semper _____

videre _____   curare _____

2. Unterstreiche alle Formen, die Akkusativ sein können. (richtige Form 1 P, falsche Form -1 P)

liberos – bestia – dona – dominam – negotium – cibos – herba – puer – frumentum – filiae

3. Unterstreiche die Satzglieder: Subjekt (blau), Prädikat (rot) und Objekt (grün). Dann übersetze in angemessenes Deutsch. (2 Punkte pro Satz: 1 P Satzglieder, 1 P Übersetzung)

a) Caper carrum non trahit. _____

b) Donum exspectat. _____

c) Sed servus caprum incitat. _____

4. Nenne vier Gemeinsamkeiten/Unterschiede zwischen deiner und einer römischen Familie.

_____

_____

_____

Diagnosebogen zu Lektion 3

Schätze dich zuerst selbst ein. Bearbeite dann die Aufgaben und überprüfe anhand der erreichten Punkte deine Selbsteinschätzung.

	6–5	4,5–3	2,5–0
	☺	😐	☹
Ich kann …			
… die Bedeutungen der neuen Lernwörter richtig angeben (Wortschatz).			
… Adjektive nach der KNG-Regel passend zuordnen (Grammatik).			
… Vokativ und Imperativ erkennen und übersetzen (Grammatik).			
… die Stellung von Sklaven erläutern (Kultur).			

1. Gib die deutschen Bedeutungen an. (1 Punkt pro Wort)

puer _____   pulcher _____

probus _____   quoque _____

tolerare _____   multi _____

2. Unterstreiche das nach KNG passende Adjektiv. (1 Punkt pro Form)

a) puella (bona, boni, bonam)

b) servum (malus, malum, malam)

c) donum (pulcher, pulchrum, pulchra)

d) puer (probi, probus, proba)

e) puerum (malam, malus, malum)

f) ancillas (pulchrae, pulchros, pulchras)

3. Übersetze und erkläre die grammatischen Unterschiede zwischen den beiden Sätzen.
(2 Punkte pro Satz, 2 Punkte für Erklärung)

a) Servus frumentum apportat. _____

b) Serve, apporta frumentum! _____

Erklärung: _____

4. Beschreibe kurz die Stellung von römischen Sklaven in Familie und Gesellschaft.

_____

_____

_____

Diagnosebogen zu Lektion 4

Schätze dich zuerst selbst ein. Bearbeite dann die Aufgaben und überprüfe anhand der erreichten Punkte deine Selbsteinschätzung.

	6–5	4,5–3	2,5–0
	☺	😐	☹
Ich kann … … die Bedeutungen der neuen Lernwörter richtig angeben (Wortschatz).			
… Nominativ und Akkusativ der 3. Deklination bestimmen (Grammatik).			
… Adjektive nach der KNG-Regel passend zuordnen (Grammatik).			
… drei Dinge benennen, die die Römer ihren Göttern opferten (Kultur).			

1. Gib die deutschen Bedeutungen an. (1 Punkt pro Wort)

pax _____   tum _____

stare _____   deus _____

magnus _____   accipere _____

2. Kreuze an: Nominativ oder Akkusativ? (Achtung: Manchmal geht beides!) (1 Punkt pro Wort)

	Nominativ	Akkusativ
a) hominem		
b) carmina		
c) homo		

	Nominativ	Akkusativ
d) pacem		
e) sacerdos		
f) imperatores		

3. Unterstreiche das nach KNG passende Adjektiv. (1 Punkt pro Form)

a) servi (probos, probi, probae)

b) sorores (probos, probi, probae)

c) imperatorem (bonam, bonum, boni)

d) pacem (bonum, bonam, boni)

e) homines (malos, malae, malas)

f) carmen (pulcher, pulchrum, pulchra)

4. Nenne drei Dinge, die die Römer ihren Göttern opferten.

_____

_____

_____

Diagnosebogen zu Lektion 5

Schätze dich zuerst selbst ein. Bearbeite dann die Aufgaben und überprüfe anhand der erreichten Punkte deine Selbsteinschätzung.

Ich kann …

	6–5 ☺	4,5–3 😐	2,5–0 ☹
… die Bedeutungen der neuen Lernwörter richtig angeben (Wortschatz).			
… Ablativformen erkennen (Grammatik).			
… die Funktion der Ablative erkennen und übersetzen (Grammatik).			
… erklären, was Gladiatoren sind (Kultur).			

1. Gib die deutschen Bedeutungen an. (1 Punkt pro Wort)

vis _____   pugna _____

adversarius _____   incipere _____

cum _____   amittere _____

2. Unterstreiche alle Formen, die Ablativ sein können. (richtige Form 1 P, falsche Form -1 P)

sorore – arma – gladium – liberis – hora – viri – corporibus – bono – bonus – filia

3. Übersetze und gib an, wie du nach den Ablativen fragst. (2 Punkte pro Satz: 1 P Frage, 1 P Übersetzung)

a) Gaia cum fratre in campo Martio est.   Ü: _____

Frage: _____   _____

b) Gladiatores gladiis pugnant.   Ü: _____

Frage: _____

c) Gaia gladiatores magna voce incitat.   Ü: _____

Frage: _____

4. Erkläre kurz, was Gladiatoren sind.

_____
_____
_____

Diagnosebogen zu Lektion 6

Schätze dich zuerst selbst ein. Bearbeite dann die Aufgaben und überprüfe anhand der erreichten Punkte deine Selbsteinschätzung.

Ich kann …

	6–5 ☺	4,5–3 😐	2,5–0 ☹
… die Bedeutungen der neuen Lernwörter richtig angeben (Wortschatz).			
… die Personalpronomina bestimmen und richtig übersetzen (Grammatik).			
… die Verbformen bestimmen und richtig übersetzen (Grammatik).			
… erklären, wer Horaz war (Kultur).			

1. Gib die deutschen Bedeutungen an. (1 Punkt pro Wort)

fortasse _____   uxor _____

imprimis _____   etiamsi _____

clarus _____   quod _____

2. Personalpronomina

2.1 Kreuze an: Nominativ oder Akkusativ? Achtung: Manchmal geht beides! (1 Punkt pro Wort)

	Nominativ	Akkusativ
a) ego		
b) te		

	Nominativ	Akkusativ
c) vos		
d) me		

2.2 Übersetze. (1 Punkt pro Satz)

a) Ego adsum. _____

b) Vos non video. _____

3. Bestimme folgende Verbformen und übersetze sie. (2 Punkte pro Form: 1 P Bestimmung, 1 P Übersetzung)

a) videmus ____ Person _____ _____

b) canto ____ Person _____ _____

c) auditis ____ Person _____ _____

4. Erkläre, wer Horaz war.

_____

_____

Diagnosebogen zu Lektion 7

Schätze dich zuerst selbst ein. Bearbeite dann die Aufgaben und überprüfe anhand der erreichten Punkte deine Selbsteinschätzung.

	6–5	4,5–3	2,5–0
	☺	😐	☹
Ich kann … die Bedeutungen der neuen Lernwörter richtig angeben (Wortschatz).			
… den Genitiv von anderen Kasusformen unterscheiden (Grammatik).			
… den Genitiv richtig übersetzen (Grammatik).			
… mehrdeutige Formen im Kontext richtig übersetzen (Grammatik).			
… erklären, warum es in Rom oft brannte (Kultur).			

1. Gib die deutschen Bedeutungen an. (1 Punkt pro Wort)

iuvare _____   salus _____

delere _____   atque _____

mulier _____   vincere _____

2. Unterstreiche alle Formen, die ein Genitiv sein können. (richtige Form 1 P, falsche Form -1 P)

merce – mulieris – miseriae – familia – doni – donum – puero – pueris – mercatorum – imperatores – mercatoribus – puellarum – salutis

3. Übersetze den Ausdruck. (2 Punkte pro Ausdruck)

a) taberna mercatoris _____

b) salus familiae _____

c) clamor mulierum _____

4. Bestimme die unterstrichenen Wörter nach KNG und übersetze die Sätze ins Deutsche.
(3 Punkte pro Satz: 1,5 Punkte Bestimmung, 1,5 Punkte Übersetzung)

a) Marcus salute <u>pueri</u> gaudet.   Ü: _____

Best. _____   _____

b) <u>Pueri</u> laeti sunt.   Ü: _____

Best. _____   _____

5. Erkläre, warum es in Rom oft brannte und wie Brände bekämpft wurden.

_____

Diagnosebogen zu Lektion 8

Schätze dich zuerst selbst ein. Bearbeite dann die Aufgaben und überprüfe anhand der erreichten Punkte deine Selbsteinschätzung.

Ich kann …

	6–5	4,5–3	2,5–0
	☺	😐	☹
… die Bedeutungen der neuen Lernwörter richtig angeben (Wortschatz).			
… den Dativ von anderen Kasusformen unterscheiden (Grammatik).			
… mehrdeutige Formen im Kontext richtig übersetzen (Grammatik).			
… die Formen von *posse* richtig bestimmen und übersetzen (Grammatik).			

1. Gib die deutschen Bedeutungen an. (1 Punkt pro Wort)

maxime _____   inquit _____

comprehendere _____   quaerere _____

praebere _____   asinus _____

2. Unterstreiche alle Formen, die ein Dativ sein können. (richtige Form 1 P; falsche Form -1 P)

herbae – asini – pecori – equi – hortus – vobis – mercis – mercatoribus – bonorum – pulchro – pulcher – ego – mihi – miseri

3. Bestimme die unterstrichenen Wörter nach KNG und übersetze die Sätze ins Deutsche.
(2 Punkte pro Satz: 1 P Bestimmung, 1 P Übersetzung)

a) Paulla <u>asino</u> petrosilenum praebet.   Ü: _____

Best. _____   _____

b) Asinus de <u>petrosileno</u> gaudet.   Ü: _____

Best. _____   _____

c) <u>Bestiae</u>   <u>Paullae</u> maxime placent.   Ü: _____

Best. _____   _____

4. Bestimme folgende Verbformen und übersetze sie. (2 Punkte pro Form: 1 P Bestimmung, 1 P Übersetzung)

a) potes   ____ Person _____

b) possunt   ____ Person _____

c) potestis ____ Person _____

Diagnosebogen zu Lektion 9

Schätze dich zuerst selbst ein. Bearbeite dann die Aufgaben und überprüfe anhand der erreichten Punkte deine Selbsteinschätzung.

	6–5	4,5–3	2,5–0
	☺	😐	☹
Ich kann …			
… die Bedeutungen der neuen Lernwörter richtig angeben (Wortschatz).			
… AcI-Auslöser benennen (Wortschatz).			
… die Bestandteile des AcI im Satz erkennen (Grammatik).			
… den AcI richtig übersetzen (Grammatik).			
… erklären, wer Cato war (Kultur).			

1. Gib die deutschen Bedeutungen an. (1 Punkt pro Wort)

constat _____   non ignorare _____

si _____   censere _____

nam _____   facere _____

2. Unterstreiche die Wörter, die einen AcI auslösen können. (richtige Form 1 P; falsche Form -1 P)

necesse est – trahere – videre – dicere – dare – constat – facere – ludere – censere – audire

3. Markiere den AcI (→ s. Aufgabe 4) mit einer Klammer und unterstreiche Subjektsakkusativ und Prädikatsinfinitiv. (2 Punkte pro Satz)

4. Übersetze die Sätze angemessen ins Deutsche. (2 Punkte pro Satz)

a) Avus liberos laborare cupit.

_____

b) Sextus: »Necesse est liberos laetos esse.«

_____

c) Sed Aurelia dicit liberos etiam officia habere.

_____

5. Erkläre kurz, wer Cato war und warum der Großvater so begeistert von ihm ist.

_____

_____

Diagnosebogen zu Lektion 10

Schätze dich zuerst selbst ein. Bearbeite dann die Aufgaben und überprüfe anhand der erreichten Punkte deine Selbsteinschätzung.

Ich kann …

	6–5	4,5–3	2,5–0
	☺	😐	☹
… die Bedeutungen der neuen Lernwörter richtig angeben (Wortschatz).			
… die Formen von *is, ea, id* richtig bestimmen (Grammatik).			
… die Formen von *is, ea, id* im Kontext richtig übersetzen (Grammatik).			
… erklären, warum die Toga bei Römern unbeliebt war (Kultur).			

1. Gib die deutschen Bedeutungen an. (1 Punkt pro Wort)

pecunia _____   dignus _____

neglegere _____   carus _____

profecto _____   intellegere _____

2. Füge die Formen an der richtigen Stelle in die Tabelle ein. Achtung: Manche Formen musst du an mehreren Stellen einsortieren. (0,5 Punkte pro Form)

is – eam – id (2) – eius (3) – earum – ea (4)

	Singular			Plural		
Nom.						
Gen.						
Dat.						
Akk.						
Abl.						

3. Übersetze angemessen ins Deutsche. (2 Punkte pro Satz)

a) Sextus: »Ea toga cara est.« _____

b) Tamen Aurelia eam emit. _____

c) Mercator pecuniam ab ancilla eius _____
   accipit. _____

4. Erkläre, warum das Tragen der Toga bei den Römern unbeliebt war.

Diagnosebogen zu Lektion 11

Schätze dich zuerst selbst ein. Bearbeite dann die Aufgaben und überprüfe anhand der erreichten Punkte deine Selbsteinschätzung.

Ich kann ...

	6–5 ☺	4,5–3 😐	2,5–0 ☹
... die Bedeutungen der neuen Lernwörter richtig angeben (Wortschatz).			
... die Bestandteile des AcI im Satz erkennen (Grammatik).			
... den AcI richtig übersetzen (Grammatik).			
... die Formen von *ire* richtig bestimmen und übersetzen (Grammatik).			
... erläutern, was eine Vestalin ist (Kultur).			

1. Gib die deutschen Bedeutungen an. (1 Punkt pro Wort)

rex _____ fidus _____

narrare _____ quamquam _____

parēre _____ servare _____

2. Markiere den AcI (→ s. Aufgabe 3) mit einer Klammer und unterstreiche den Subjektsakkusativ und den Prädikatsinfinitiv. (2 Punkte pro Satz)

3. Übersetze die Sätze angemessen ins Deutsche. (2 Punkte pro Satz)

a) Paulla narrat servum liberos servare.
_____

b) Servus se regi parēre dicit.
_____

c) Sed simulat se liberos necare.
_____

4. Bestimme folgende Formen von *ire* und übersetze sie. (2 Punkte pro Form: 1 P Bestimmung, 1 P Übersetzung)

a) it _____ Person _____ _____

b) imus _____ Person _____ _____

c) eunt _____ Person _____ _____

5. Erkläre, wen oder was der Begriff »Vestalin« bezeichnet.

_____

Diagnosebogen zu Lektion 12

Schätze dich zuerst selbst ein. Bearbeite dann die Aufgaben und überprüfe anhand der erreichten Punkte deine Selbsteinschätzung.

Ich kann ...

	6–5 ☺	4,5–3 😐	2,5–0 ☹
... die Bedeutungen der neuen Lernwörter richtig angeben (Wortschatz).			
... Präsens- und Perfektformen unterscheiden (Grammatik).			
... Perfektformen richtig bestimmen und übersetzen (Grammatik).			
... Haupt- und Nebensätze unterscheiden (Methoden).			
... das römische Schulsystem erläutern (Kultur).			

1. Gib die deutschen Bedeutungen an. (1 Punkt pro Wort)

sine _____   ducere _____

urbs _____   vivere _____

rapere _____   finis _____

2. Unterstreiche die Perfektformen. (richtige Form 1 P, falsche Form -1 P)

paravimus – fuisti – necat – debui – laboras – pario – ponitis – demonstraverunt – audivistis – licet – imus – tacuisti – vivit

3. Bestimme folgende Formen (Person, Numerus, Tempus) und übersetze sie.
(2 Punkte pro Form: 1 P Bestimmung, 1 P Übersetzung)

a) narravi _____ Person _____ _____

b) aedificaverunt _____ Person _____ _____

c) deliberavimus _____ Person _____ _____

4. Unterstreiche alle Nebensätze. Markiere die Nebensatzeinleitung mit einem Kringel. (2 Punkte pro Satz)

a) Amici Romuli, postquam urbem aedificaverunt, deliberaverunt:

b) »Uxores nobis non sunt, quamquam urbs pulchra est.

c) Mulieres a Sabinis rapere debemus, quia vere pulchrae sunt.«

5. Erläutere das römische Schulsystem.

_____

_____

Diagnosebogen zu Lektion 13

Schätze dich zuerst selbst ein. Bearbeite dann die Aufgaben und überprüfe anhand der erreichten Punkte deine Selbsteinschätzung.

Ich kann …

	6–5	4,5–3	2,5–0
	☺	😐	☹
… die Bedeutungen der neuen Lernwörter richtig angeben (Wortschatz).			
… Stammformen auf den Infinitiv Präsens zurückführen (Wortschatz).			
… Präsens- und Perfektformen unterscheiden (Grammatik).			
… Perfektformen richtig bestimmen und übersetzen (Grammatik).			
… das Verhältnis zwischen Patron und Klient erläutern (Kultur).			

1. Gib die deutschen Bedeutungen an. (1 Punkt pro Wort)

tribuere _____   murus _____

fama _____   rumpere _____

complere _____   rursus _____

2. Gib zu folgenden Formen die Grundform (Infinitiv Präsens) an. (1 Punkt pro Wort)

potuisti _____   completum _____

dedimus _____   auxistis _____

arsit _____   restituerunt _____

3. Unterstreiche die Perfektformen. (richtige Form 1 P, falsche Form -1 P)

rupit – rumpit – restituo – removent – removerunt – flevi – dedit – reparat – tribuis – exstinguit – flent – deleverunt – exstinxit

4. Bestimme folgende Formen (Person, Numerus, Tempus) und übersetze sie.
(2 Punkte pro Form: 1 P Bestimmung, 1 P Übersetzung)

a) complevit _____ Person _____ _____

b) feci _____ Person _____ _____

c) diximus _____ Person _____ _____

5. Erläutere kurz das Verhältnis von Patron und Klient.

_____

_____

Diagnosebogen zu Lektion 14

Schätze dich zuerst selbst ein. Bearbeite dann die Aufgaben und überprüfe anhand der erreichten Punkte deine Selbsteinschätzung.

Ich kann …	6–5 ☺	4,5–3 😐	2,5–0 ☹
… die Bedeutungen der neuen Lernwörter richtig angeben (Wortschatz).			
… Stammformen auf den Infinitiv Präsens zurückführen (Wortschatz).			
… die Bestandteile des AcI im Satz erkennen (Grammatik).			
… Gleichzeitigkeit und Vorzeitigkeit im AcI unterscheiden (Grammatik).			
… den AcI richtig übersetzen (Grammatik).			
… die Bedeutung einer *aquila* erläutern (Kultur).			

1. Gib die deutschen Bedeutungen an. (1 Punkt pro Wort)

vix _____   copia _____

oportet _____   contendere _____

comperire _____   clades _____

2. Gib zu folgenden Formen die Grundform (Infinitiv Präsens) an. (1 Punkt pro Wort)

petivisse _____   credidi _____

repulsus _____   accepisse _____

vicisti _____   restituerunt _____

3. Markiere den AcI mit einer Klammer und unterstreiche Subjektsakkusativ und Prädikatsinfinitiv.
(2 Punkte pro Satz)

4. Zeitverhältnis – gleichzeitig (GZ) oder vorzeitig (VZ): Kreuze an. (2 Punkte pro Satz)

5. Übersetze die Sätze angemessen ins Deutsche. (2 Punkte pro Satz)

a) Marcus comperit Germanos cum Romanis contendisse. ☐ GZ ☐ VZ

_____

b) Marcus Germanos Romanis aquilam eripuisse narrat. ☐ GZ ☐ VZ

_____

c) Non oportet Augustum eam cladem tolerare. ☐ GZ ☐ VZ

_____

6. Erläutere kurz, was eine *aquila* ist und was sie für die Römer bedeutet hat.

_____

Diagnosebogen zu Lektion 15

Schätze dich zuerst selbst ein. Bearbeite dann die Aufgaben und überprüfe anhand der erreichten Punkte deine Selbsteinschätzung.

	6–5	4,5–3	2,5–0
	☺	😐	☹

Ich kann …
... die Bedeutungen der neuen Lernwörter richtig angeben (Wortschatz).
... Stammformen auf den Infinitiv Präsens zurückführen (Wortschatz).
... Präsens- und Imperfektformen unterscheiden (Grammatik).
... Imperfektformen richtig bestimmen und übersetzen (Grammatik).
... eine römische und eine moderne deutsche Ehe vergleichen (Kultur).

1. Gib die deutschen Bedeutungen an. (1 Punkt pro Wort)

ridere _____   convenire _____

amor _____   mox _____

scire _____   quomodo _____

2. Gib zu folgenden Formen die Grundform (Infinitiv Präsens) an. (1 Punkt pro Wort)

intellexi _____   iussi _____

nescivit _____   ductum _____

promissum _____   quaesivisti _____

3. Unterstreiche die Imperfektformen. (richtige Form 1 P, falsche Form -1 P)

intellegebat – rumpit – restituo – removent – conveniebas – legebamus – studebatis – reparat – tribuis – exstinguit – flent – sciebant – quaerebat

4. Bestimme folgende Formen (Person, Numerus, Tempus) und übersetze sie.
(2 Punkte pro Form: 1 P Bestimmung, 1 P Übersetzung)

a) eras   ____ Person _____   _____

b) legebam ____ Person _____   _____

c) dicebant ____ Person _____   _____

5. Vergleiche eine antike römische mit einer modernen deutschen Ehe. Nenne mindestens drei Aspekte.

_____

_____

Diagnosebogen zu Lektion 16

Schätze dich zuerst selbst ein. Bearbeite dann die Aufgaben und überprüfe anhand der erreichten Punkte deine Selbsteinschätzung.

Ich kann ...

	6–5	4,5–3	2,5–0
	☺	😐	☹
... die Bedeutungen der neuen Lernwörter richtig angeben (Wortschatz).			
... Stammformen auf den Infinitiv Präsens zurückführen (Wortschatz).			
... Futurformen von anderen Tempora unterscheiden (Grammatik).			
... Futurformen richtig bestimmen und übersetzen (Grammatik).			
... römische Hochzeitsbräuche nennen (Kultur).			

1. Gib die deutschen Bedeutungen an. (1 Punkt pro Wort)

propter _____ diligere _____

exire _____ metuere _____

colere _____ saepe _____

2. Gib zu folgenden Formen die Grundform (Infinitiv Präsens) an. (1 Punkt pro Wort)

amissum _____ peperit _____

dilexi _____ paruerunt _____

cultum _____ dedisti _____

3. Unterstreiche die Futurformen. (richtige Form 1 P, falsche Form -1 P)

adibimus – clamabant – dat – delectabitis – immolabunt – convenit – dabo – invitabam – iimus – invitabit – amaverunt – laborabis

4. Bestimme folgende Formen (Person, Numerus, Tempus) und übersetze sie.
(2 Punkte pro Form: 1 P Bestimmung, 1 P Übersetzung)

a) habitabunt ____ Person _____

b) exibo ____ Person _____

c) intrabis ____ Person _____

5. Nenne drei römische Hochzeitsbräuche.

_____

_____

Diagnosebogen zu Lektion 17

Schätze dich zuerst selbst ein. Bearbeite dann die Aufgaben und überprüfe anhand der erreichten Punkte deine Selbsteinschätzung.

Ich kann ...

	6–5 ☺	4,5–3 😐	2,5–0 ☹
... die Bedeutungen der neuen Lernwörter richtig angeben (Wortschatz).			
... Stammformen auf den Infinitiv Präsens zurückführen (Wortschatz).			
... Verben nach Konjugationen ordnen (Wortschatz).			
... Futurformen von anderen Tempora unterscheiden (Grammatik).			
... den *cursus honorum* erläutern (Kultur).			

1. Gib die deutschen Bedeutungen an. (1 Punkt pro Wort)

dolor _____   animus _____

fugere _____   tempus _____

honos _____   superare _____

2. Gib zu folgenden Formen die Grundform (Infinitiv Präsens) an. (1 Punkt pro Wort)

cepit _____   tradidimus _____

motum _____   neglexit _____

viderunt _____ reddidisti _____

3. Kreuze an, zu welcher Konjugation das Wort gehört. (1 Punkt pro Wort)

	e-Konj.	kons. Konj.
contendere		
pergere		
videre		

	e-Konj.	kons. Konj.
colere		
movere		
tradere		

4. Unterstreiche die Formen im Futur. (richtige Form 1 P, falsche Form -1 P)

iubent – iubebis – sciam – colit – colet – movet – perget – colebamus – contendent – promittebam – iuvabo – videmus – tradit – promittit

5. Nenne die einzelnen Stationen des *cursus honorum*.

_____

Freiarbeit Lektion 1

1. Wortschatzmemory

venire	**debēre**	**adesse**	**sed**
kommen	1. müssen 2. schulden 3. verdanken	1. da sein 2. helfen	aber
etiam	**cur**	**subito**	**ubi**
auch	warum	plötzlich	wo
exspectare	**placēre**	**parēre**	**iam**
(er)warten	gefallen	gehorchen	schon

2. Wortschatztabu

Umschreibe folgende Wörter auf Deutsch, ohne die Bedeutungen oder die angegebenen Begriffe zu verwenden. Deine Mitschüler müssen die lateinischen Begriffe raten und ihre deutschen Bedeutungen nennen.

silentium	**intrare**	**non**
nicht benutzen: Schweigen, Ruhe, Stille, leise, ruhig, still	*nicht benutzen:* hereinkommen, betreten, eintreten	*nicht benutzen:* nicht, Verneinung, verneinen
placere	**spectare**	**liberi**
nicht benutzen: gefallen, sich freuen	*nicht benutzen:* betrachten, sehen, anschauen	*nicht benutzen:* Kinder, Eltern, jung

3. Formenmalen: Male alle Formen aus, die im Plural (Mehrzahl) stehen.

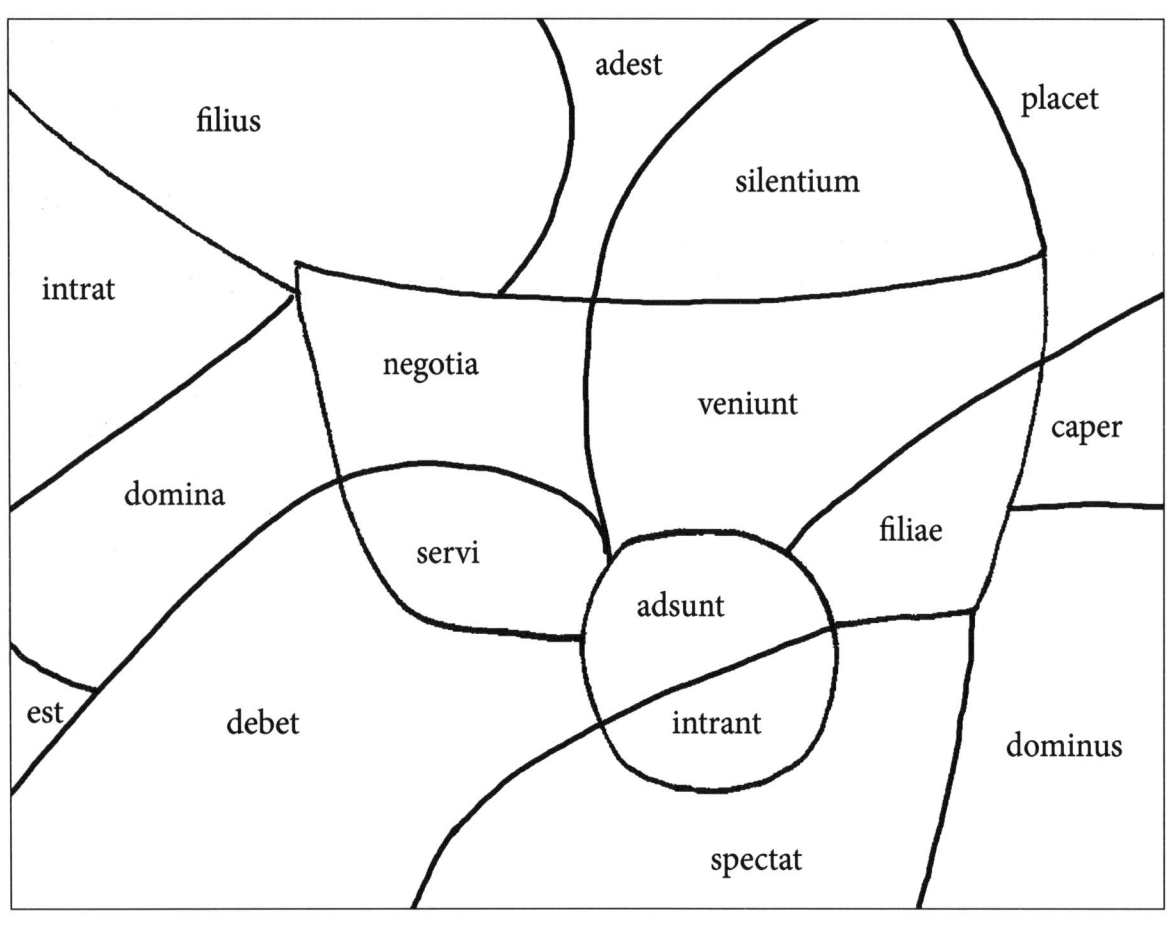

4. Singular oder Plural: Wie heißt das Lösungswort?
Kreuze die richtige Übersetzung an.

1. Ubi liberi sunt?
   - ☐ Wo ist das Kind? **(S)**
   - ☐ Wo sind die Kinder? **(G)**

2. Negotium non placet.
   - ☐ Die Arbeit gefällt nicht. **(A)**
   - ☐ Die Arbeiten gefallen nicht. **(E)**

3. Servi non veniunt.
   - ☐ Der Sklave kommt nicht. **(X)**
   - ☐ Die Sklaven kommen nicht. **(L)**

4. Hic dominus habitat.
   - ☐ Hier wohnt der Herr. **(L)**
   - ☐ Hier wohnen die Herren. **(T)**

6. Filiae intrant.
   - ☐ Die Tochter tritt ein. **(I)**
   - ☐ Die Töchter treten ein. **(U)**

5. Servus paret.
   - ☐ Der Sklave gehorcht. **(S)**
   - ☐ Die Sklaven gehorchen. **(A)**

Lösungswort: _____

5. Sätze ergänzen: Wie heißt das Lösungswort?
Kreuze das richtige Prädikat an und übersetze den Satz.

1. Hic Aurelia et Sextus _____. ☐ habitat **(A)**   ☐ habitant **(P)**
2. Dominus _____. ☐ exspectat **(A)**   ☐ exspectant **(U)**
3. Sed liberi non _____. ☐ adest **(R)**   ☐ adsunt **(U)**
4. Ubi liberi _____? ☐ est **(E)**   ☐ sunt **(L)**
5. Filius iam _____. ☐ intrat **(L)**   ☐ intrant **(I)**
6. Etiam filiae venire _____. ☐ debet **(S)**   ☐ debent **(A)**

Lösungswort: _____

6. Ein unverwechselbarer Charakter.
Übersetze den Text und erläutere kurz, wie sich Aurelia gegenüber ihrem Sohn verhält.

Marcus non paret.
Aurelia: »Liberi parere debent!«
Marcus: »Sed cur liberi parere debent? Cur?«
Aurelia: »Silentium!«

Freiarbeit Lektion 1

7. Aller guten Dinge sind drei!
Erläutere, wie sich römische Männernamen zusammensetzen:

Marcus   Selicius   Comis

_____   _____   _____

8. Abkürzungen
Der erste Namensbestandteil wird bei den Römern oft abgekürzt.
Verbinde die Namen mit den richtigen Abkürzungen.

M.	Quintus
A.	Marcus
Q.	Gaius
Sex.	Titus
L.	Aulus
C.	Sextus
P.	Decius
T.	Lucius
D.	Publius

9. Spitznamen
Der dritte Namensbestandteil bezeichnete ursprüngliche eine typische Eigenart der Person, vergleichbar mit einem Spitznamen. Später wurden die Namen aber einfach weitervererbt:

Comis (der Nette)
Crassus (der Fette)
Cicero (Kichererbse)
Scaevola (Linkshänder)
Flaccus (Schlappohr)
Balbus (der Stotterer)

Freiarbeit Lektion 2

1. Wortschatzmemory

dicere	relinquere	movēre	apportare
sagen	1. verlassen 2. unbeachtet lassen	1. bewegen 2. beeindrucken	herbeitragen
licet	semper	vidēre	necesse est
es ist erlaubt	immer	sehen	es ist notwendig
tandem	ita	statim	trahere
endlich	so	sofort	ziehen

2. Wortschatztabu

Umschreibe folgende Wörter auf Deutsch, ohne die Bedeutungen oder die angegebenen Begriffe zu verwenden. Deine Mitschüler müssen die lateinischen Begriffe raten und ihre deutschen Bedeutungen nennen.

donum	**tandem**	**bestia**
nicht benutzen: schenken, Geschenk, Geburtstag	*nicht benutzen:* endlich	*nicht benutzen:* Tier, Raubtier, Haustier
invenire	**vertere**	**currere**
nicht benutzen: suchen, finden	*nicht benutzen:* drehen, wenden	*nicht benutzen:* schnell, rennen, laufen

3. Formenmalen: Male alle Formen aus, die Akkusativ sein können.

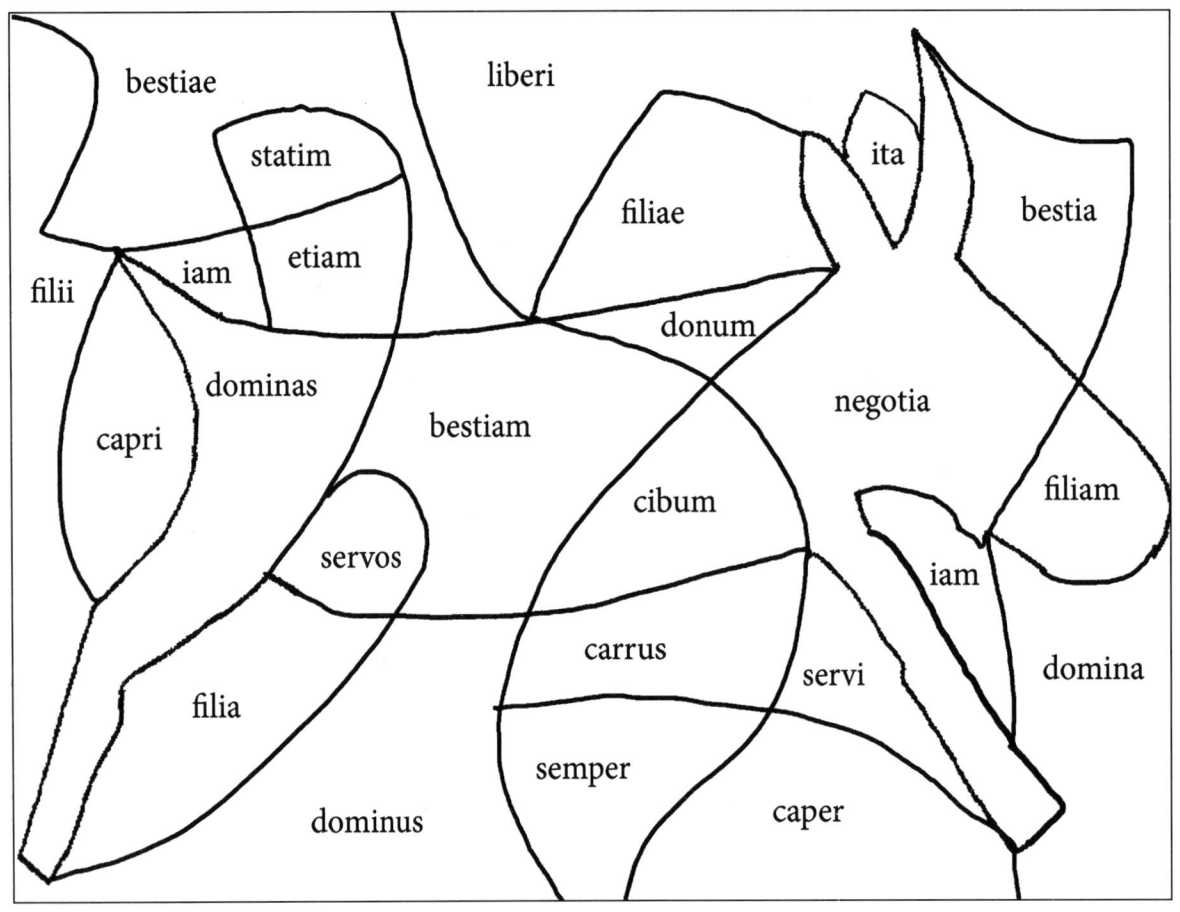

4. Subjekt und Objekt: Wie heißt das Lösungswort?
Entscheide, wer Subjekt und wer Objekt ist. Wähle die richtige Übersetzung aus.

1. Aurelia servum videt.
   - ☐ Aurelia sieht den Sklaven. **(S)**
   - ☐ Der Sklave sieht Aurelia. **(P)**

2. Servus exspectat.
   - ☐ Der Sklave wartet. **(U)**
   - ☐ Sie wartet auf den Sklaven. **(A)**

3. Servum incitat.
   - ☐ Der Sklave treibt an. **(R)**
   - ☐ Sie treibt den Sklaven an. **(B)**

4. Servum verberat.
   - ☐ Der Sklave schlägt. **(E)**
   - ☐ Sie schlägt den Sklaven. **(I)**

5. Paullam servus curat.
   - ☐ Paulla kümmert sich um den Sklaven. **(R)**
   - ☐ Der Sklave kümmert sich um Paulla. **(T)**

6. Cibum servus apportat.
   - ☐ Der Sklave bringt Essen. **(O)**
   - ☐ Sie bringt dem Sklaven das Essen. **(E)**

Lösungswort: _____

5. Endungen ergänzen: Wie heißt das Lösungswort?
Kreuze die richtige Endung an und übersetze den Satz.

1. Caper liber____ videt.   ☐ i **(H)**   ☐ os **(C)**   ☐ as **(D)**
2. Caper etiam Aureli____ videt.   ☐ us **(O)**   ☐ a **(E)**   ☐ am **(A)**
3. Caper don____ cupit.   ☐ us **(R)**   ☐ i **(N)**   ☐ a **(P)**
4. Paulla herb____ apportat.   ☐ a **(U)**   ☐ as **(E)**   ☐ os **(B)**
5. Caper cib____ spectat.   ☐ us **(A)**   ☐ i **(M)**   ☐ um **(R)**

Lösungswort: _____

6. Male ein Bild von dem, was du verstanden hast. Du brauchst den Text nicht zu übersetzen, darfst aber natürlich, wenn du möchtest.

Aurelia servos incitat: »Necesse est bestias curare. Bestiae cibum cupiunt!« Sed servi non statim parent. Aurelia iam servos verberare cupit. Tandem parent et frumentum et herbas apportant.

Freiarbeit Lektion 3

1. Wortschatzmemory

tolerare	**malus**	**vir**	**tacēre**
ertragen	schlecht; böse	Mann	schweigen
quoque	**desinere**	**errare**	**non iam**
auch	aufhören	sich irren; umherirren	nicht mehr
puer	**certe**	**vere**	**iniquus**
Junge	sicherlich	wirklich	1. ungleich 2. ungerecht

2. Wortschatztabu

Umschreibe folgende Wörter auf Deutsch, ohne die Bedeutungen oder die angegebenen Begriffe zu verwenden. Deine Mitschüler müssen die lateinischen Begriffe raten und ihre deutschen Bedeutungen nennen.

ancilla	**non iam**	**audire**
nicht benutzen: Sklavin, Sklave, Sklaverei, frei	*nicht benutzen:* nicht mehr	*nicht benutzen:* hören, Gehör, Ohr
pulcher	**emere**	**desinere**
nicht benutzen: schön, Aussehen, gefallen	*nicht benutzen:* kaufen, Supermarkt	*nicht benutzen:* aufhören, Ende

3. Formenmalen: Male alle Imperative aus.

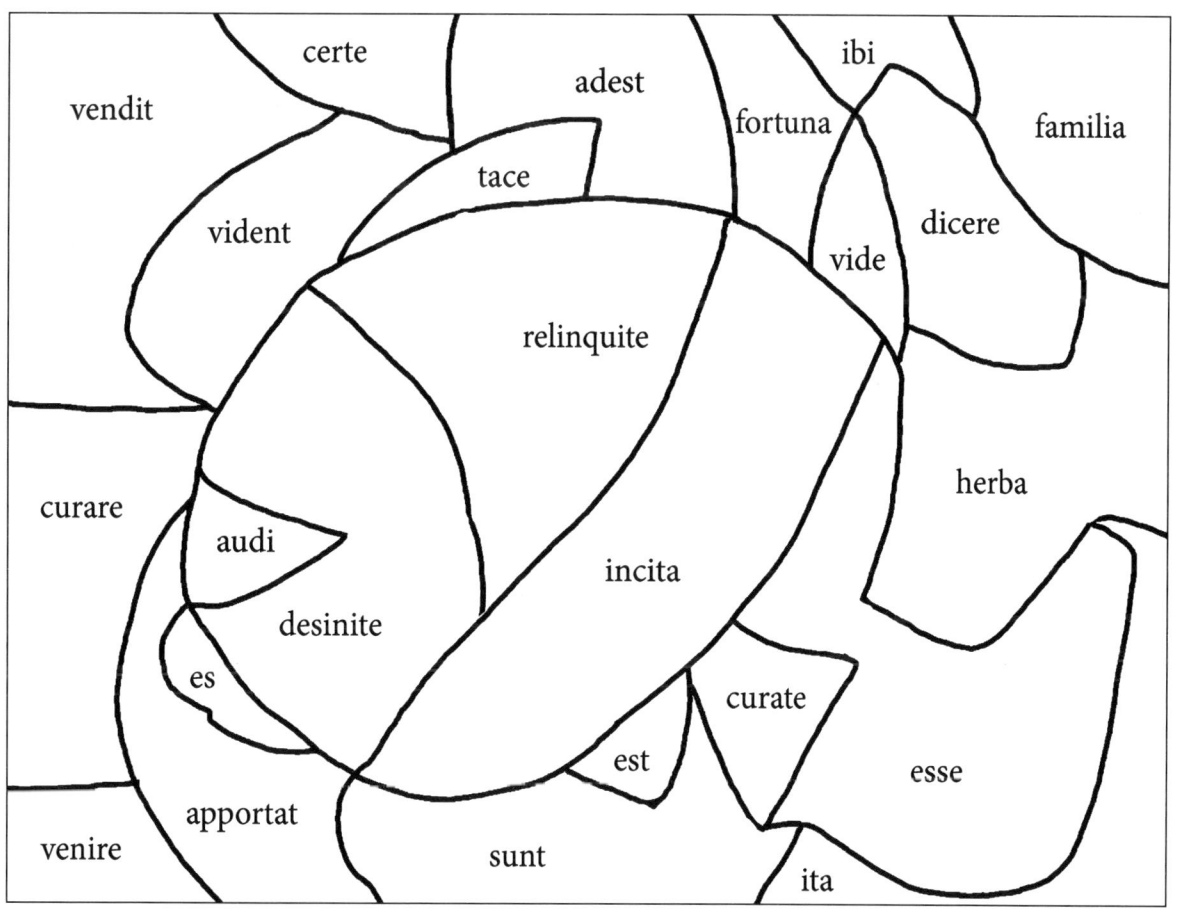

Freiarbeit Lektion 3

4. Subjekt oder Objekt: Wie heißt das Lösungswort?
Entscheide, wer Subjekt und wer Objekt ist. Kreuze die richtige Übersetzung an.

1. Aurelia servum malum verberat.
   - ☐ Der Sklave schlägt die böse Aurelia. **(C)**
   - ☐ Aurelia schlägt den bösen Sklaven. **(M)**

2. Servum malum incitat.
   - ☐ Der böse Sklave treibt an. **(E)**
   - ☐ Sie treibt den bösen Sklaven an. **(I)**

3. Vir servos miseros vendit.
   - ☐ Ein Mann verkauft traurige Sklaven. **(S)**
   - ☐ Traurige Sklaven verkaufen einen Mann. **(R)**

4. Domina bonam ancillam cupit.
   - ☐ Eine Sklavin wünscht eine gute Herrin. **(T)**
   - ☐ Die Herrin wünscht eine gute Sklavin. **(E)**

5. Ancillam pulchram dominus emit.
   - ☐ Der Herr kauft eine schöne Sklavin. **(R)**
   - ☐ Eine schöne Sklavin kauft den Herrn. **(E)**

Lösungswort: _____

5. KNG: Wie heißt das Lösungswort?
Kreuze an, zu welchem Substantiv das Adjektiv passt. Manchmal geht mehr als eines.

1. pulchrae   ☐ puer **(O)**   ☐ puellae **(S)**   ☐ dona **(Ü)**   ☐ carrus **(V)**
2. multos   ☐ ancillas **(U)**   ☐ dona **(U)**   ☐ frumentum **(I)**   ☐ cibos **(E)**
3. miser   ☐ puella **(T)**   ☐ servus **(X)**   ☐ filiae **(B)**   ☐ puer **(T)**
4. misera   ☐ servi **(C)**   ☐ ancilla **(U)**   ☐ negotia **(S)**   ☐ puellae **(Z)**

Lösungswort: _____

6. Formenbausteine
Bilde mit den Bausteinen verschiedene Formen im Präsens und übersetze sie.

-re	-i-	-u-	-e	-te
-t	-nt	curr-	vend-	inveni-
audi-	tolera-	tace-	apporta-	trah-

Freiarbeit Lektion 4

1. Wortschatzmemory

carmen	**laetus**	**nunc**	**deus**
Lied; Gedicht; Gebet	fröhlich	jetzt	Gott
timēre	**dare**	**homo**	**accipere**
(sich) fürchten	geben	Mensch	1. annehmen, bekommen 2. erfahren
tum	**pax**	**flēre**	**ara**
dann	Friede	weinen	Altar

2. Wortschatztabu

Umschreibe folgende Wörter auf Deutsch, ohne die Bedeutungen oder die angegebenen Begriffe zu verwenden. Deine Mitschüler müssen die lateinischen Begriffe raten und ihre deutschen Bedeutungen nennen.

cantare	**stare**	**turba**
nicht benutzen: Lied, singen	*nicht benutzen:* stehen, sitzen	*nicht benutzen:* Menge, viele, Leute
immolare	**flere**	**magnus**
nicht benutzen: opfern, Priester	*nicht benutzen:* weinen, traurig, Träne	*nicht benutzen:* groß

3. Formenmalen: Male alle Formen aus, die Akkusativ sein können.

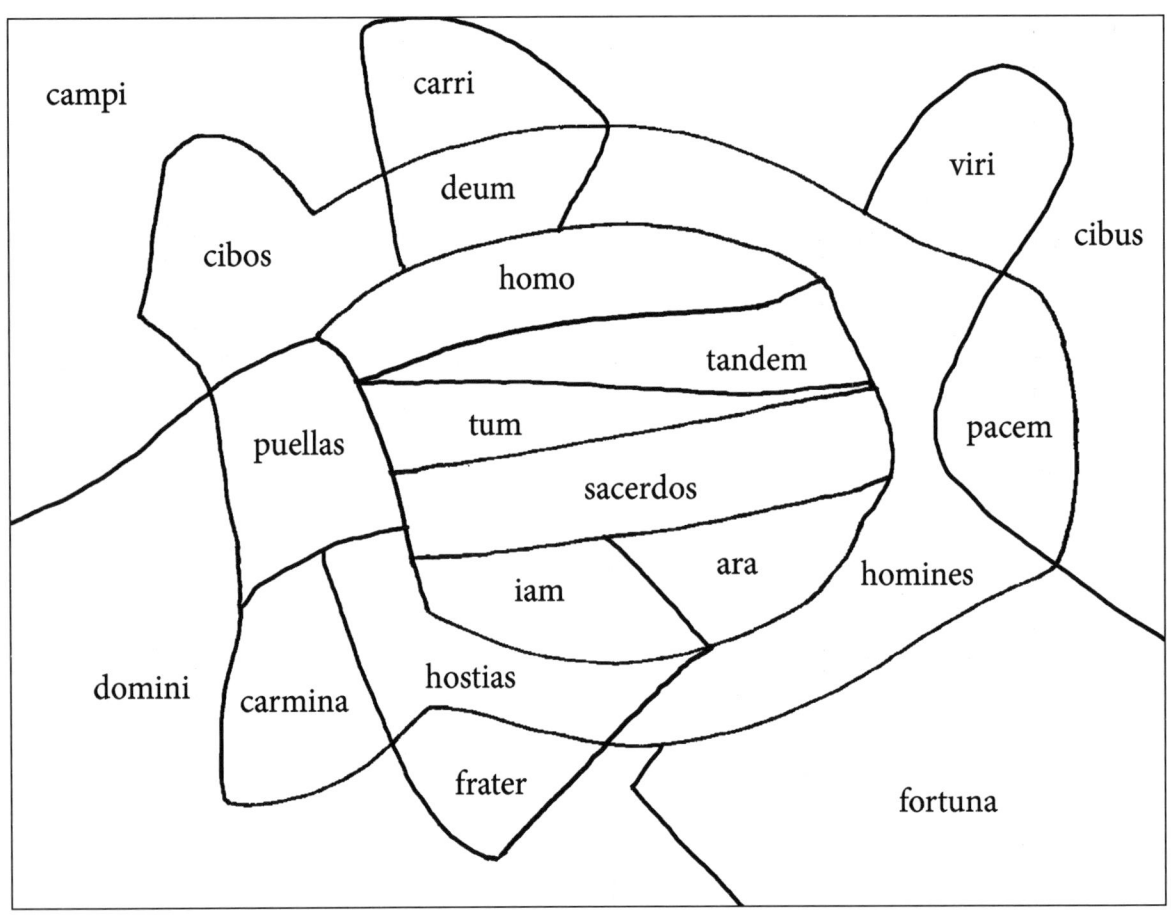

4. Subjekt oder Objekt: Wie heißt das Lösungswort?

Entscheide, wer Subjekt und wer Objekt ist. Kreuze die richtige Übersetzung an.

1. Sacerdos ad aram stat.
   - ☐ Der Priester steht beim Altar. **(H)**
   - ☐ Der Altar steht bei dem Priester. **(C)**

2. Sacerdotem liberi vident.
   - ☐ Der Priester sieht die Kinder. **(A)**
   - ☐ Die Kinder sehen den Priester. **(O)**

3. Sacerdos carmina dicit.
   - ☐ Die Gebete nennen den Priester. **(R)**
   - ☐ Der Priester spricht Gebete. **(S)**

4. Sacerdos deos placat.
   - ☐ Der Priester besänftigt die Götter. **(T)**
   - ☐ Die Götter besänftigen den Priester. **(M)**

5. Dei hostiam accipiunt.
   - ☐ Das Opfertier nimmt die Götter an. **(E)**
   - ☐ Die Götter nehmen das Opfertier an. **(I)**

6. Dei pacem dant.
   - ☐ Die Götter geben Frieden. **(A)**
   - ☐ Der Frieden gibt die Götter. **(N)**

Lösungswort: _____

5. KNG: Wie heißt das Lösungswort?

Kreuze an, zu welchem Substantiv das Adjektiv passt. Manchmal geht mehr als eines.

1. multi	☐ homines **(F)**	☐ aram **(S)**	☐ turbae **(Ü)**	☐ homo **(V)**
2. bonum	☐ aram **(U)**	☐ carmen **(O)**	☐ turbam **(I)**	☐ sororem **(E)**
3. bonam	☐ hominem **(A)**	☐ imperatores **(X)**	☐ pacem **(R)**	☐ aram **(T)**
4. laetus	☐ imperator **(U)**	☐ sacerdotes **(R)**	☐ homo **(N)**	☐ pax **(B)**
5. laetos	☐ sacerdotes **(A)**	☐ carmen **(S)**	☐ negotia **(E)**	☐ puellas **(N)**

Lösungswort: _____

6. Formenwürfeln: Partnerübung

Spiele mit einem oder mehreren Partnern Formenwürfeln. Ihr bildet dabei verschiedene Fälle der Substantive. Dafür braucht ihr einen sechsseitigen Würfel.

Ein Spieler beginnt und nennt ein Substantiv seiner Wahl im Nominativ. Dann würfelt er und bildet die entsprechende Form (1-2: Akk. Sg.; 3-4: Nom. Pl.; 5-6: Akk. Pl.).
   Bildet der Spieler die Form falsch, muss er noch einmal würfeln. Bildet der Spieler die Form richtig, wählt er das nächste Wort und gibt den Würfel weiter.

7. Bildergeschichte

a) Schneide die kleinen Bilder aus und ordne sie den richtigen Sätzen zu.
b) Erzähle die Geschichte auf Deutsch (einige Wörter kennst du noch nicht – du kannst sie aber mit den Bildern erschließen).

1. Homines cibum emunt.	2. Tum templum intrant.	3. Ibi deos implorant.
4. Puella parva flet.	5. Sed frater sororem placat: »Noli flere!«	6. »Sacerdotes non caprum immolant, sed cibum!«

Freiarbeit Lektion 5

1. Wortschatzmemory

arma	**incipere**	**populus**	**hora**
Waffen	anfangen	Volk	Stunde
autem	**corpus**	**pugnare**	**amittere**
aber	Körper	kämpfen	verlieren
quia	**hodie**	**vox**	**resistere**
weil	heute	Stimme	1. stehen bleiben 2. Widerstand leisten

2. Wortschatztabu

Umschreibe folgende Wörter auf Deutsch, ohne die Bedeutungen oder die angegebenen Begriffe zu verwenden. Deine Mitschüler müssen die lateinischen Begriffe raten und ihre deutschen Bedeutungen nennen.

adversarius	**vox**	**incipere**
nicht benutzen: Gegner, kämpfen, Feind	*nicht benutzen:* Stimme, Wort, sagen, sprechen	*nicht benutzen:* Anfang, Beginn, anfangen, beginnen, starten, Start
gladius	**iacēre**	**salutare**
nicht benutzen: Schwert, Waffe	*nicht benutzen:* liegen, sitzen, stehen, Boden	*nicht benutzen:* begrüßen; Hallo! Guten Tag!

3. Formenmalen: Male alle Formen aus, die Ablativ sein können.

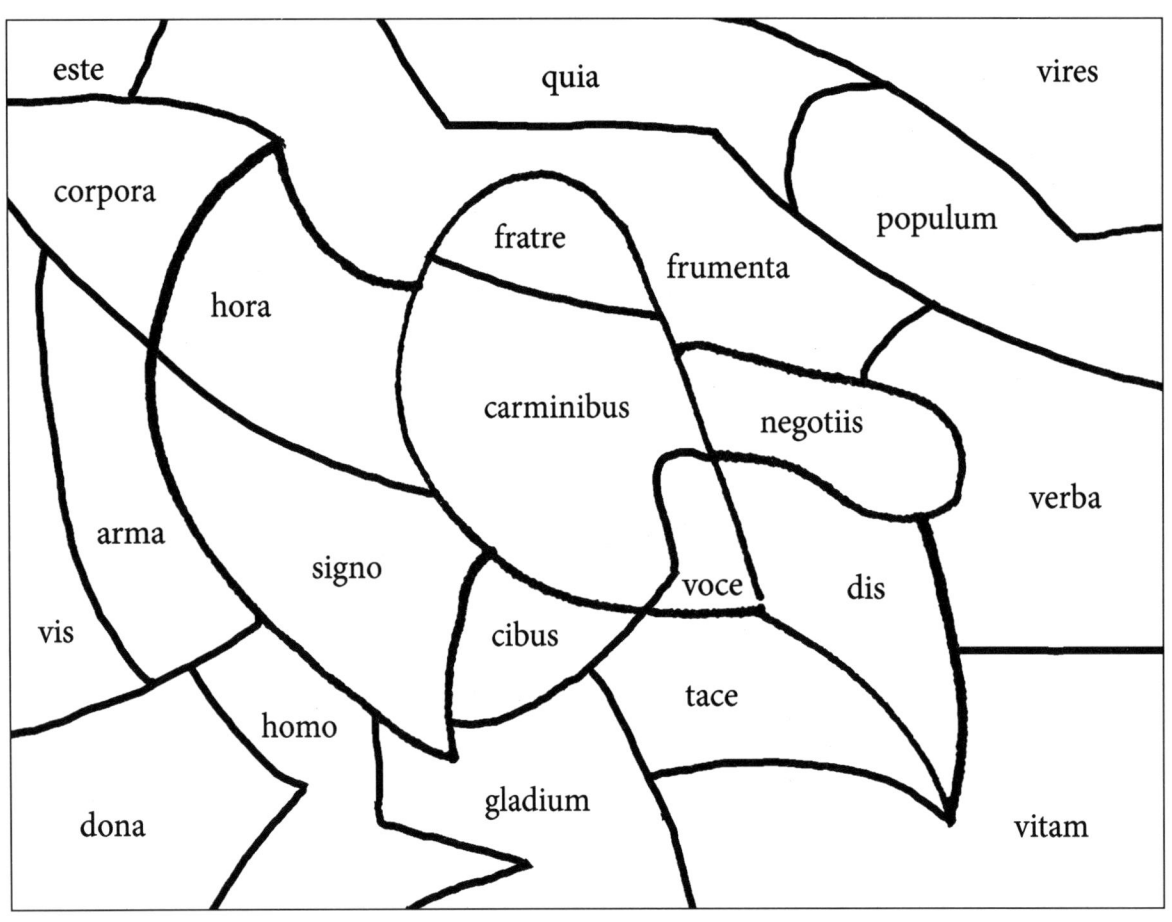

4. Ablative – Womit, wodurch und überhaupt wo?

In den folgenden Sätzen sind Ausdrücke enthalten, die im Lateinischen im Ablativ stehen würden. Unterstreiche sie und gib an, wie du danach fragst (Tipp: Lies im Buch auf den Grammatikseiten nach, welche Funktionen der Ablativ hat).

a) Gaia ist <u>mit ihren Geschwistern</u> <u>auf dem Marsfeld.</u>
   mit wem? *wo?*

b) Heute kämpft nämlich der Netzkämpfer Afer mit dem berühmten Lydus.

c) Schon sind beide Gladiatoren in der Arena.

d) Gaia fiebert mit Afer mit.

e) Nach einigen Minuten scheint Afer seinem Gegner zu unterliegen.

f) Gaia zittert am ganzen Körper.

g) Dann aber sticht Afer mit seinem Dreizack in den Arm seines Gegners.

h) Gaia springt von ihrem Sitz auf und jubelt mit lauter Stimme.

5. Gladiatoren

Zeitreisen sind tückisch. Dieser alte Text hat es nicht vollständig in die Gegenwart geschafft. Fülle die Lücken richtig aus.

Gladiatorenkämpfe haben ihren Ursprung in Feierlichkeiten zu _____. Damals traten _____ mit *gladii* (_____) gegeneinander an. Weil diese Kämpfe so beliebt waren, wurden sie mit der Zeit Teil von öffentlichen Veranstaltungen. Politiker investierten viel eigenes Geld in solche Veranstaltungen, um _____. Die Kämpfe der professionellen Gladiatoren gingen selten tödlich aus, nur Verurteilte wurden gezwungen, sich tödlich zu verletzen. Nach dem Ende der römischen Republik beschränkte Kaiser Augustus die Anzahl der Veranstaltungen auf _____ pro Jahr, auch um zu verhindern, dass sich andere Politiker beim Volk zu beliebt machten.

Freiarbeit Lektion 6

1. Wortschatzmemory

etiamsi	**quod**	**uxor**	**poeta**
auch wenn	weil	Ehefrau	Dichter
fortasse	**sacrificium**	**tam**	**delectare**
vielleicht	Opfer	so	erfreuen; Spaß machen
imprimis	**iterum**	**clarus**	**ludus**
vor allem	wiederum; noch einmal	1. hell; strahlend 2. berühmt	1. Spiel 2. Wettkampf 3. Schule

2. Wortschatztabu

Umschreibe folgende Wörter auf Deutsch, ohne die Bedeutungen oder die angegebenen Begriffe zu verwenden. Deine Mitschüler müssen die lateinischen Begriffe raten und ihre deutschen Bedeutungen nennen.

sacrificium	**poeta**	**maritus**
nicht benutzen: Opfer, opfern	*nicht benutzen:* Dichter, Gedicht	*nicht benutzen:* Mann, Frau, verheiratet
fortasse	**non solum, sed etiam**	**salvete**
nicht benutzen: vielleicht	*nicht benutzen:* nicht nur, … sondern auch	*nicht benutzen:* grüßen, Hallo!

3. Formenmalen: Male alle Verbformen an.

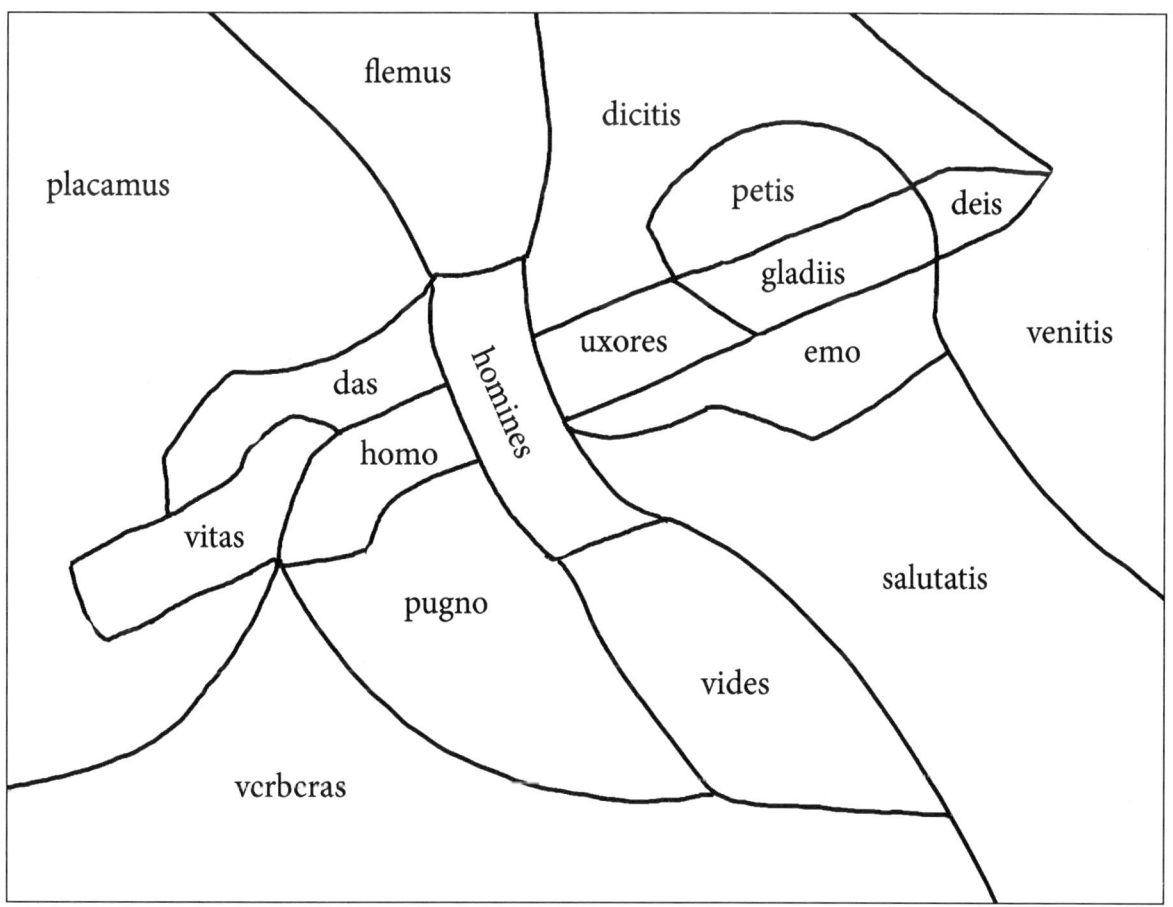

4. Verbformen: Wie heißt das Lösungswort?

Kreuze die richtige Übersetzung an.

1. gaudemus	☐ ich freue mich (G)	☐ wir freuen uns (M)	☐ er freut sich (D)
2. pugno	☐ ich kämpfe (A)	☐ sie kämpfen (U)	☐ er kämpft (I)
3. exspectat	☐ wir warten (C)	☐ sie warten (S)	☐ sie wartet (R)
4. tacetis	☐ du schweigst (T)	☐ ihr schweigt (C)	☐ sie schweigen (H)
5. accipiunt	☐ sie nehmen an (U)	☐ wir nehmen an (I)	☐ er nimmt an (E)
6. delectas	☐ ich habe Spaß (G)	☐ er hat Spaß (R)	☐ du hast Spaß (S)

Lösungswort: _____

5. Formenbausteine

Bilde verschiedene Formen im Präsens und übersetze sie.

-re	-e-	-a-	-i-	-u-
-o	-s	-t	-mus	-tis
-nt	implora-	amitt-	accip-	trah-
pugna-	audi-	inveni-	saluta-	gaude-

6. Formenwürfeln: Partnerübung

Spiele mit einem oder mehreren Partnern Formenwürfeln. Ihr bildet dabei Verbformen im Präsens. Dafür braucht ihr einen sechsseitigen Würfel.

Ein Spieler beginnt und nennt ein Verb seiner Wahl im Infinitiv. Dann würfelt er und bildet die entsprechende Verbform (1-3: Personen im Sg.; 4-6: Personen im Pl.).
    Bildet der Spieler die Verbform falsch, muss er noch einmal würfeln. Bildet der Spieler die Verbform richtig, wählt er das nächste Verb und gibt den Würfel weiter.

7. Lesen und verstehen – Worum geht es?

Lies den Text. Versuche zu verstehen, worum es geht, ohne jeden Satz zu übersetzen. (Einige Formen kennst du noch nicht – du kannst sie aber aus dem Zusammenhang erschließen.) Spielt das Gespräch als kleine Szene möglichst ausdrucksvoll nach.

Die Familie ist auf dem Kapitol und hört das carmen saeculare des Dichters Horaz.

Sextus: »Nonne carmine Horatii gaudetis, liberi?«
Gaia: »Mihi[1] placet!«
Marcus: »Ego et Paulla carmine non gaudemus! Nihil[2] videmus!«
Gaia: »Sed audite! Audite pueros cantare! Nonne tibi[3] placet, Paulla?«
Paulla: »Nihil[2] mihi[1] placet! Nihil!«

1 mihi: mir – **2 nihil**: nichts – **3 tibi**: dir

8. Wer ist wer? Verbinde, was zusammengehört.

Augustus	Gott der Unterwelt
Horaz	Fluss in Rom
Pluto	erster römischer Kaiser
Tiber	oberster Gott
Marsfeld	Gott der Kunst
carmen saeculare	Gebiet mit vielen öffentlichen Gebäuden
Iuppiter	Gedicht
Apoll	römischer Dichter

Freiarbeit Lektion 7

1. Wortschatzmemory

miseria	vocare	mulier	delēre
Unglück	1. rufen 2. nennen	Frau	zerstören
ardēre	iuvare	vincere	clamor
brennen; glühen	1. unterstützen 2. erfreuen	siegen	Geschrei
annus	salus	fundere	aqua
Jahr	1. Wohlergehen 2. Rettung	1. (ver)gießen 2. zerstreuen; in die Flucht schlagen	Wasser

2. Wortschatztabu

Umschreibe folgende Wörter auf Deutsch, ohne die Bedeutungen oder die angegebenen Begriffe zu verwenden. Deine Mitschüler müssen die lateinischen Begriffe raten und ihre deutschen Bedeutungen nennen.

delēre	**salus**	**clamor**
nicht benutzen: zerstören, kaputtmachen, Zerstörung	*nicht benutzen:* Wohlergehen, Rettung, retten, gut gehen	*nicht benutzen:* Geschrei, Stimme, Lärm, schreien, laut sein
auxilium	**incendium**	**lucrum**
nicht benutzen: Hilfe, helfen, Gefahr	*nicht benutzen:* Brand, Feuer, Flamme, brennen	*nicht benutzen:* Gewinn

3. Formenmalen: Male alle Formen aus, die Genitiv sein können.

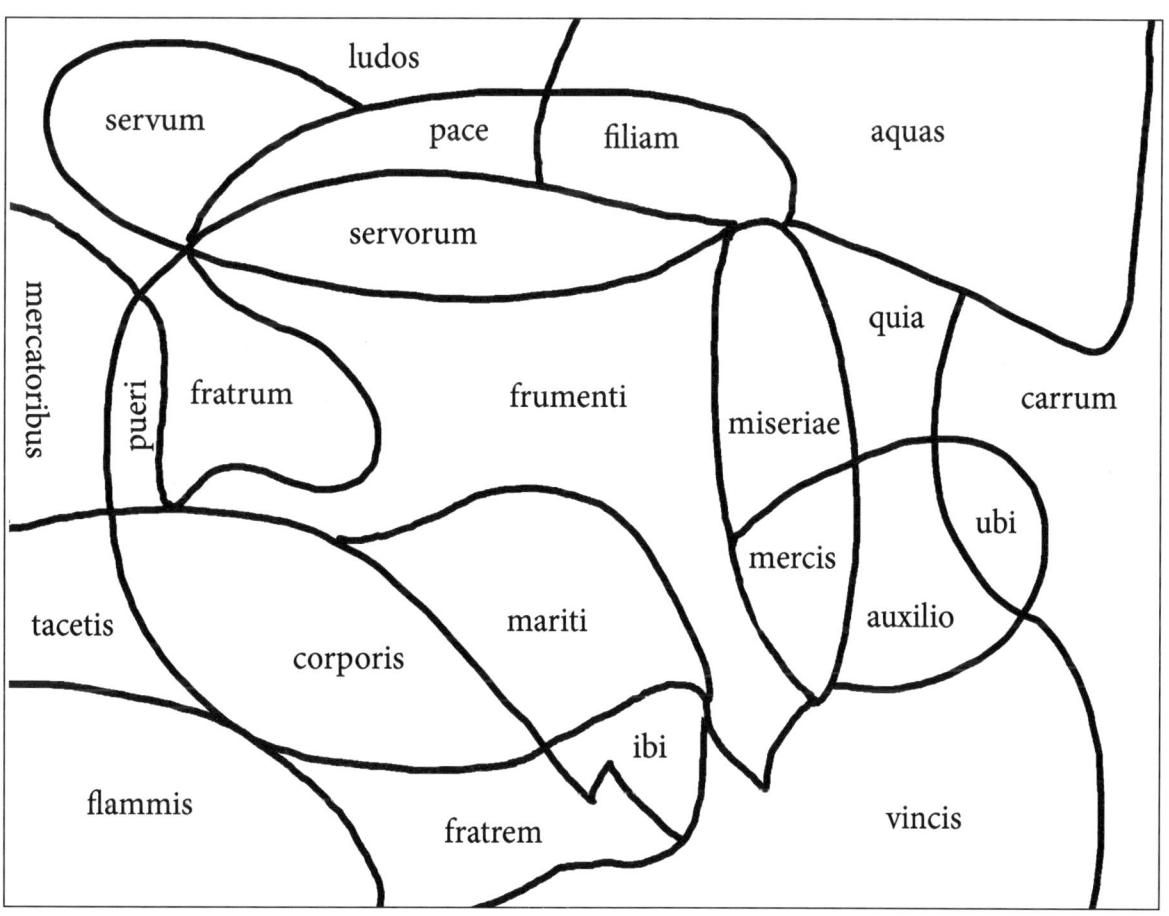

Freiarbeit Lektion 7

4. KNG: Wie heißt das Lösungswort?
Kreuze an, zu welchem Substantiv das Adjektiv passt. Passt nur eines, zwei oder alle drei?

1. magnae	☐ turbae (T)	☐ annis (U)	☐ incendiis (I)
2. magnae	☐ salutis (A)	☐ mercis (B)	☐ carminis (D)
3. magnae	☐ imperatores (L)	☐ tabernam (C)	☐ merces (E)
4. magni	☐ dominis (X)	☐ hominis (R)	☐ salutis (I)
5. magni	☐ fratris (N)	☐ carminis (A)	☐ mercatores (A)
6. pulchri	☐ mulieris (U)	☐ pueri (R)	☐ filiis (N)
7. magnorum	☐ puerum (S)	☐ carminum (D)	☐ puerorum (E)
8. pulchrarum	☐ corporum (B)	☐ puellam (N)	☐ mulierum (T)

Lösungswort: _____

5. Wessen? Wie heißt das Lösungswort? Kreuze die richtige Übersetzung an.

1. miseria filii	☐ das Unglück des Sohnes (S)	☐ das Unglück der Söhne (M)
2. carmen liberorum	☐ das Lied des Kindes (U)	☐ das Lied der Kinder (A)
3. miseria poetarum	☐ die Armut des Dichters (F)	☐ die Armut der Dichter (L)
4. dolus adversarii	☐ die List des Gegners (U)	☐ die List der Gegner (E)
5. lucrum mercatoris	☐ der Gewinn des Händlers (S)	☐ der Gewinn der Händler (N)

Lösungswort: _____

6. Male ein Bild von dem, was du verstanden hast. Du brauchst den Text nicht zu übersetzen, darfst aber natürlich, wenn du möchtest.

Taberna mercatoris ardet. Mercator flet, quia incendium tota bona sua delet. Turba hominum ibi stat et flammas spectat. Sed Marcus miseriam familiae tolerare non cupit. Familiam mercatoris iuvat et aquam apportat.

7. Formendomino

Lege die Dominosteine so aneinander, dass jeweils Substantiv und Adjektiv nach KNG zusammenpassen.

iniquos	**clamore**	pulchrum	**pacem**
bonam	**corpus**	bonae	**mercatoris**
magno	**salutis**	miseras	**mulierum**
multarum	**salute**	malis	**homines**
laetum	**auxiliis**	laetorum	**uxores**
miseri	**sacerdotum**	bona	**carmen**

gestrichelt: Schnittlinie

Freiarbeit Lektion 8

1. Wortschatzmemory

rogare	**habēre**	**itaque**	**equus**
1. fragen 2. bitten	haben	deshalb	Pferd
comprehendere	**properare**	**neque**	**quaerere**
1. ergreifen; festnehmen 2. begreifen	eilen	und nicht	1. suchen 2. fragen
hortus	**respondēre**	**praebēre**	**denique**
Garten	antworten	geben	endlich

2. Wortschatztabu

Umschreibe folgende Wörter auf Deutsch, ohne die Bedeutungen oder die angegebenen Begriffe zu verwenden. Deine Mitschüler müssen die lateinischen Begriffe raten und ihre deutschen Bedeutungen nennen.

habēre	**posse**	**hortus**
nicht benutzen: haben, besitzen	*nicht benutzen:* können	*nicht benutzen:* Garten, Blumen
equus	**properare**	**respondēre**
nicht benutzen: Pferd, reiten	*nicht benutzen:* eilen, rennen	*nicht benutzen:* fragen, antworten

3. Formenmalen: Male alle Formen aus, die Dativ sein können.

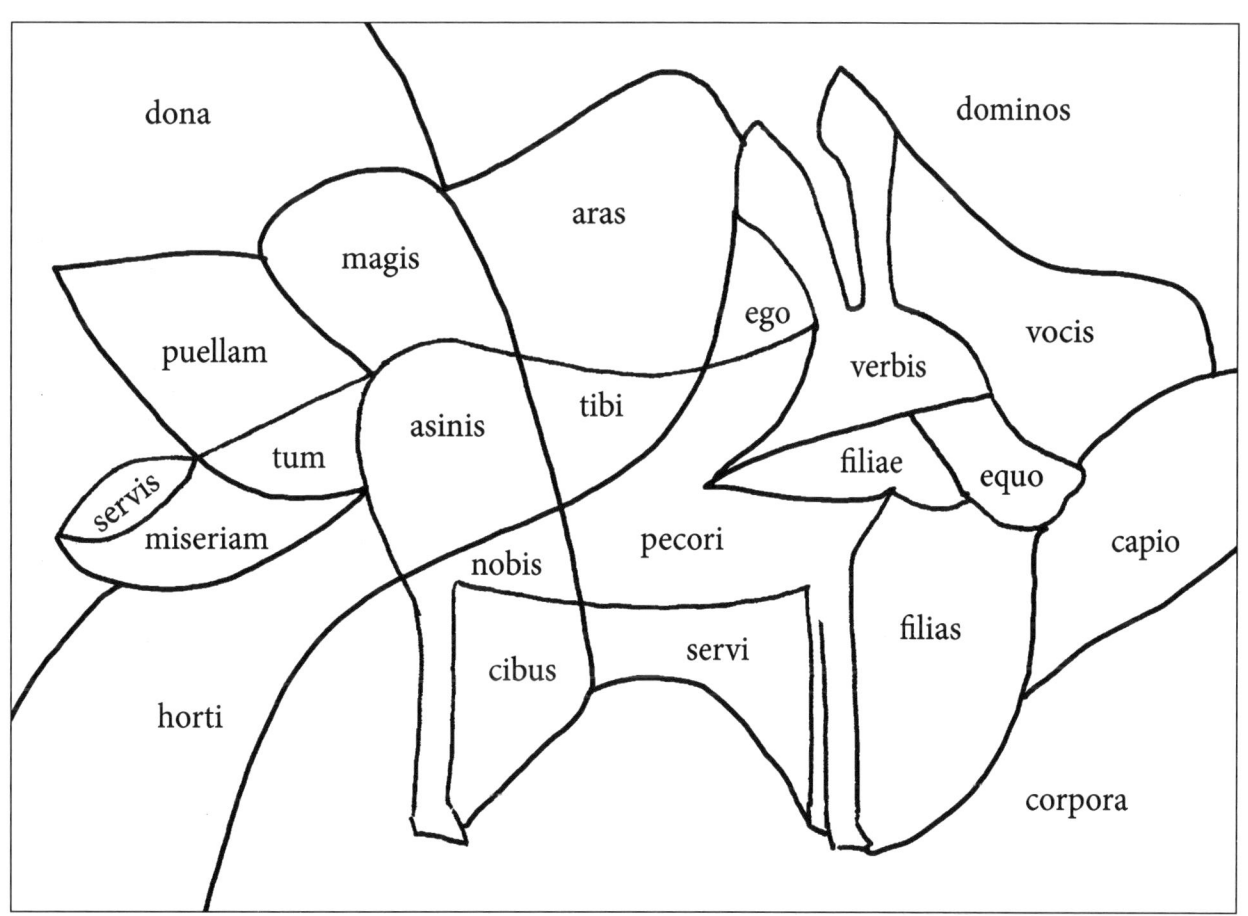

4. KNG: Wie heißt das Lösungswort?

Kreuze an, zu welchem Substantiv das Adjektiv passt. Passt nur eines, zwei oder gar alle drei?

1. multis	☐ equis (P)	☐ mulieris (E)	☐ auxilii (D)
2. magnis	☐ incendii (E)	☐ gladiis (R)	☐ corporis (N)
3. magnae	☐ turbae (O)	☐ pueri (Q)	☐ saluti (P)
4. magno	☐ domini (U)	☐ corpore (E)	☐ clamori (R)
5. magnae	☐ merces (A)	☐ merci (R)	☐ mercis (E)

Lösungswort: _____

5. Formenwürfeln: Partnerübung

Spiele mit einem oder mehreren Partnern Formenwürfeln. Ihr bildet dabei verschiedene Fälle der Substantive. Dafür braucht ihr einen sechsseitigen Würfel.

Ein Spieler beginnt und nennt ein Substantiv seiner Wahl im Nominativ. Dann würfelt er und bildet die entsprechende Form (1-5: Nom. bis Abl.; 6: Wechsel vom Sg. in den Pl. oder umgekehrt).
Bildet der Spieler die Form falsch, muss er noch einmal würfeln. Bildet der Spieler die Form richtig, wählt er das nächste Wort und gibt den Würfel weiter.

6. Satz-Salat

a) Ordne die richtige Form von *posse* zu.
b) Sortiere die Sätze zu zwei kleinen Texten. Worum geht es jeweils?

1. Flammae tabernam delere ...	A potest
2. Paulla et Marcus: »Nos certe asinum capere ... «	B potes
3. Avus: »Gaia, num asinum videre ... ?«	C possunt
4. Mercator miseriam tolerare ...	D possum
5. Gaia: »Asinum videre non ...«	E non potest
6. Sextus mercatorem iuvare ...	F possunt
7. Paulla et Marcus asinum videre ...	G possumus

7. Formendomino

Lege die Dominosteine so aneinander, dass jeweils Substantiv und Adjektiv nach KNG zusammenpassen.

claros	**corpus**	pulchrum	**pacem**
bonam	**clamori**	bonae	**mercatoris**
iniquo	**salutis**	miseras	**homines**
pulchrarum	**auxiliis**	totis	**carmen**
laetum	**imperatori**	multis	**uxores**
miseri	**sacerdotibus**	magno	**mulierum**

gestrichelt: Schnittlinie

8. Bildergeschichte

a) Schneide die kleinen Bilder aus und ordne sie den richtigen Sätzen zu.
b) Zu einem Satz gibt es kein Bild. Male es selbst.
c) Ordne die Sätze so, dass eine Geschichte entsteht und erzähle sie auf Deutsch.

1. Sed ubi asinus est? Liberi asinum quaerunt.	2. Avus liberos relinquit, quia asino aquam apportare debet.	3. Ecce: Asinus in horto est – petrosilenum asino placet.
4. Liberi ludum incipiunt: Marcus Paullam capere cupit.	5. Sed Gaiae ludus non placet. Itaque fratrem et sororem reprehendit.	6. Liberi equo frumentum dant.

Freiarbeit Lektion 9

1. Wortschatzmemory

non ignorare	**putare**	**diu**	**iubēre**
genau wissen	glauben; meinen	lange	befehlen
ira	**libenter**	**officium**	**constat**
Zorn	gern	Dienst; Plicht	es steht fest
si	**mortuus**	**tamen**	**facere**
wenn	tot	trotzdem	tun; machen

2. Wortschatztabu

Umschreibe folgende Wörter auf Deutsch, ohne die Bedeutungen oder die angegebenen Begriffe zu verwenden. Deine Mitschüler müssen die lateinischen Begriffe raten und ihre deutschen Bedeutungen nennen.

ludere	**amare**	**mortuus**
nicht benutzen: spielen, Spaß	*nicht benutzen:* lieben; mögen	*nicht benutzen:* tot, gestorben, töten
censēre	**virtus**	**iubēre**
nicht benutzen: meinen, beschließen, Meinung, Beschluss	*nicht benutzen:* Tapferkeit; Tugend	*nicht benutzen:* befehlen, gehorchen, müssen

3. Wörtermalen: Male alle Wörter an, die einen AcI auslösen können.

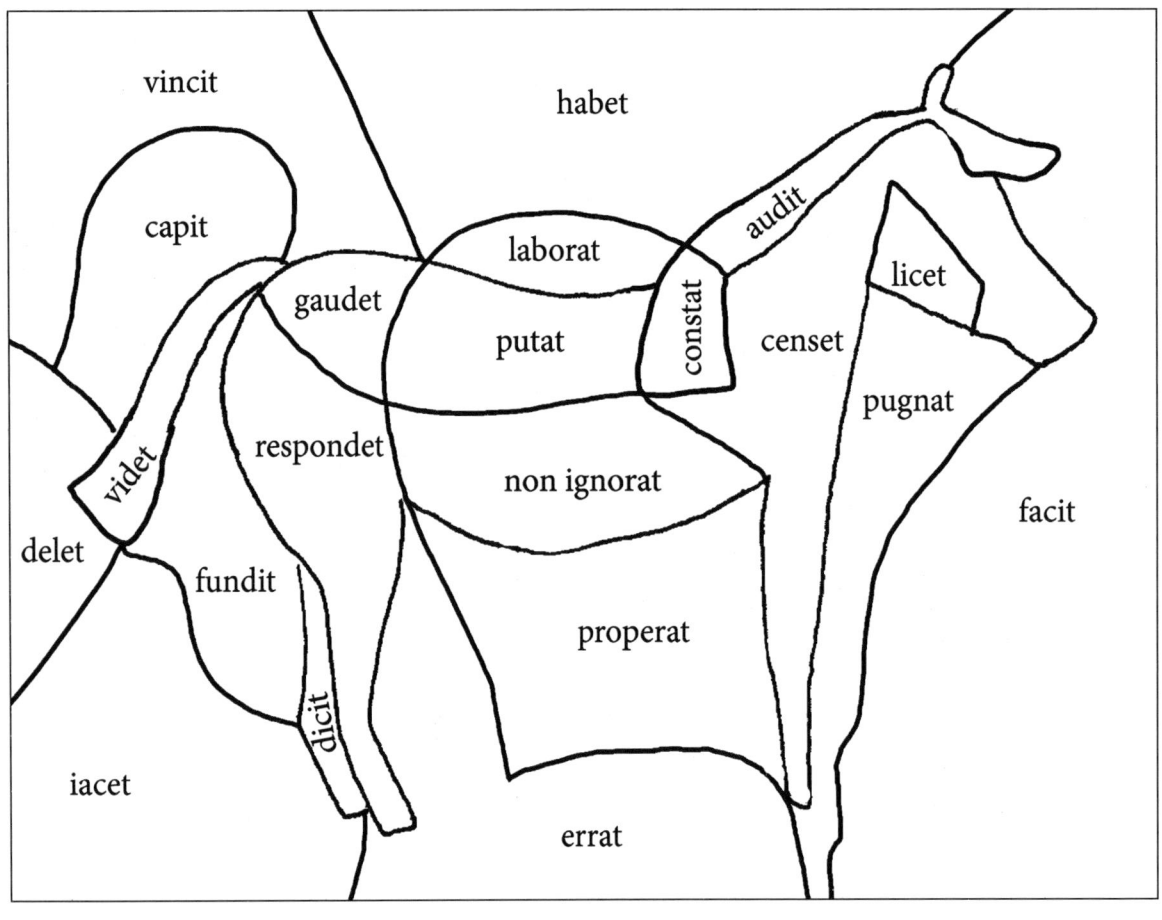

4. Der Esel und die Petersilie (1)

Markiere den AcI mit einer Klammer und übersetze. Suche dir anschließend einen Satz aus und male ein kleines Bild dazu.

a) Asinus videt avum venire.
b) Asinus videt liberos venire.
c) Asinus videt liberos bestias curare.
d) Asinus videt etiam avum bestias curare.
e) Asinus videt liberos frumentum apportare.
f) Asinus videt avum aquam apportare.

5. Der Esel und die Petersilie (2)

Markiere den AcI mit einer Klammer und übersetze. Male die Szene.

a) Asinus audit avum dicere: »Liberi, hic exspectate!«
b) Asinus videt liberos avo non parere.
c) Asinus videt liberos ludum incipere.
d) Asinus videt liberos celeriter[1] currere.
e) Asinus videt Marcum et Paullam gaudere.
f) Asinus gaudet liberos libenter ludere – et ad hortum properat.
g) Constat ibi petrosilenum delicatum[2] esse.

1 celeriter: schnell – **2 delicatus,** a, um: lecker

6. Der Esel und die Petersilie (3)

Schneide die Teile aus. Bilde verschiedene Sätze im AcI und lass deinen Partner übersetzen.

Asinus	videt	audit	liberos	avum
bestias	cibum	clamare	exspectare	quaerere
ludere	apportare	reprehendere	laborare	currere

Freiarbeit Lektion 10

1. Wortschatzmemory

quid	**pecunia**	**neglegere**	**pretium**
was?	Geld	nicht beachten; vernachlässigen	Preis; Lohn
novus	**cupidus**	**intellegere**	**idoneus**
neu	gierig	bemerken; verstehen	geeignet (für etw.)
numquam	**profecto**	**monēre**	**dignus**
niemals	in der Tat; sicherlich	(er)mahnen	würdig

2. Wortschatztabu

Umschreibe folgende Wörter auf Deutsch, ohne die Bedeutungen oder die angegebenen Begriffe zu verwenden. Deine Mitschüler müssen die lateinischen Begriffe raten und ihre deutschen Bedeutungen nennen.

idoneus	**toga**	**numquam**
nicht benutzen: geeignet	*nicht benutzen:* Toga; Kleidung	*nicht benutzen:* nie, immer
panis	**novus**	**ornamentum**
nicht benutzen: Brot, backen, Butter	*nicht benutzen:* neu, alt	*nicht benutzen:* Schmuck, Gold

3. Male ein Bild von dem, was du verstanden hast. Du brauchst den Text nicht zu übersetzen, darfst aber natürlich, wenn du möchtest.

Hodie magna turba hominum in foro est. Clamor mercatorum magnus est. Nam mercatores merces suas vendere cupiunt. Ecce: Hic togas et vestes varias vendunt. Et ibi mulieres ornamenta cara et pulchra emere possunt. Sed Sextus ea neglegit: Neque togam neque ornamenta emere cupit. Nam videt mercatorem panem vendere …

4. Formenpuzzle

Freiarbeit Lektion 11

1. Wortschatzmemory

quamquam	**ire**	**flumen**	**notus**
obwohl	gehen	Fluss	bekannt
regnum	**necare**	**sic**	**ponere**
Königreich; Herrschaft	töten	so	stellen; legen
altus	**parĕre**	**tradere**	**servare**
hoch; tief	gebären; hervorbringen	übergeben; überliefern	retten

2. Wortschatztabu

Umschreibe folgende Wörter auf Deutsch, ohne die Bedeutungen oder die angegebenen Begriffe zu verwenden. Deine Mitschüler müssen die lateinischen Begriffe raten und ihre deutschen Bedeutungen nennen.

flumen	**haerēre**	**narrare**
nicht benutzen: Fluss, Bach, Wasser	*nicht benutzen:* hängen, stecken bleiben	*nicht benutzen:* erzählen, Geschichte
servare	**demonstrare**	**ponere**
nicht benutzen: retten, Gefahr	*nicht benutzen:* zeigen, beweisen	*nicht benutzen:* stellen, legen

3. Wörtermalen: Male alle Wörter an, die einen AcI auslösen können.

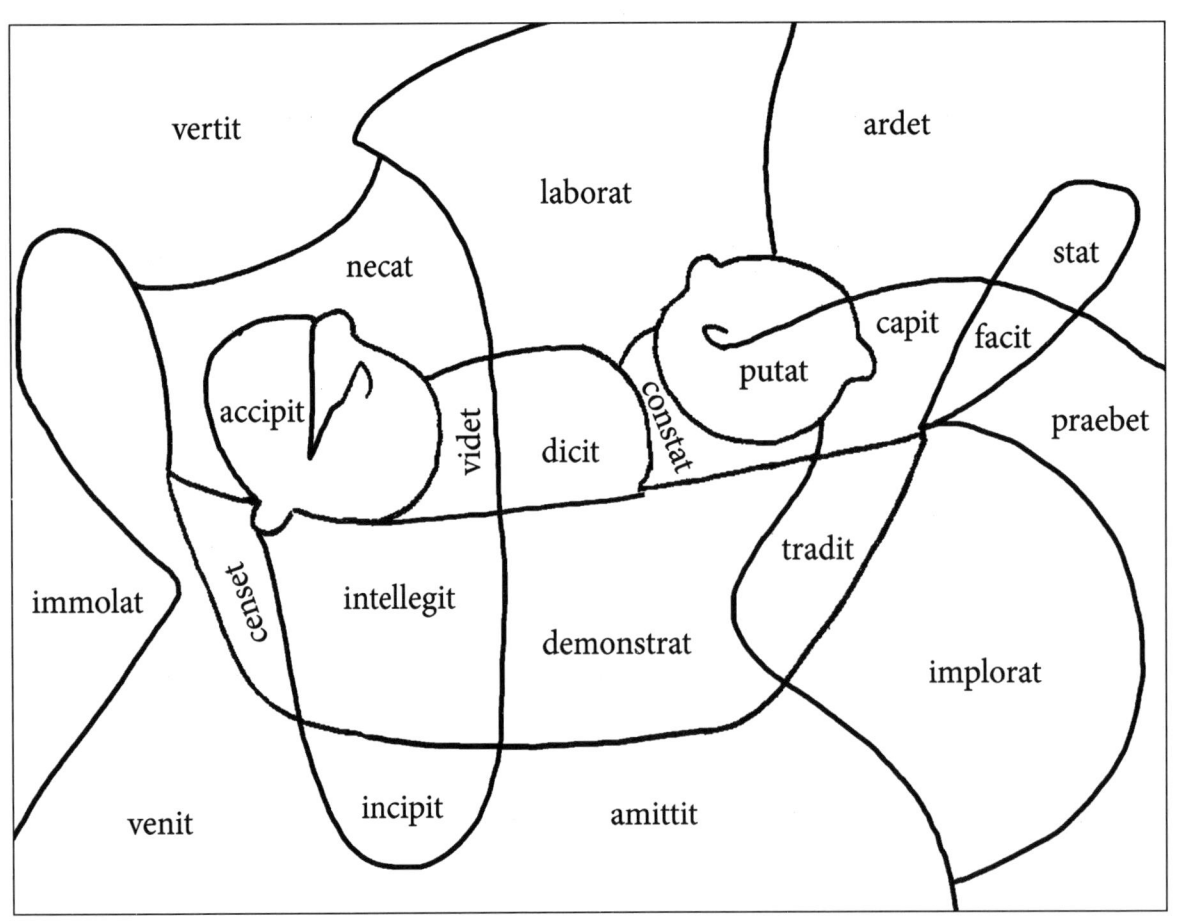

4. Aurelia und Gallus

Schneide die Teile aus. Bilde verschiedene Sätze im AcI und übersetze sie.

Aurelia	Gallus	iubet	dicit	simulat
se	eum	eam	id	non
pecuniam	panem	ornamentum	emere	venire
quaerere	invenire	habere	apportare	debere

5. Romulus und Remus

Nummeriere die Sätze in der richtigen Reihenfolge.

	Ein Hirte findet die Kinder und zieht sie auf.
	Rhea Silvia bekommt Zwillinge und nennt sie Romulus und Remus.
	Rhea Silvias Onkel gibt einem Sklaven den Auftrag, die Kinder zu ermorden.
	Der Gott Mars verguckt sich in die Vestalin Rhea Silvia und verführt sie.
	Der Sklave setzt die Kinder in einer Wanne im Fluss aus.
	Rhea Silvias Onkel hat Angst um seine Herrschaft und nimmt ihr die Kinder weg.
	Eine Wölfin findet die Zwillinge und säugt sie.

Freiarbeit Lektion 12

1. Wortschatzmemory

ducere	**rapere**	**postquam**	**urbs**
1. führen 2. meinen; halten (für)	rauben; wegreißen	nachdem	Stadt
amicus	**vivere**	**finis**	**deliberare**
Freund	leben	1. Grenze; Ende 2. Ziel; Zweck	überlegen
tamquam	**aedificare**	**sine**	**parare**
wie	bauen	ohne	(vor)bereiten

2. Wortschatztabu

Umschreibe folgende Wörter auf Deutsch, ohne die Bedeutungen oder die angegebenen Begriffe zu verwenden. Deine Mitschüler müssen die lateinischen Begriffe raten und ihre deutschen Bedeutungen nennen.

invitare	**solus**	**bellum**
nicht benutzen: einladen, Feier, Geburtstag	*nicht benutzen:* allein, einsam, zusammen	*nicht benutzen:* Krieg, kämpfen
urbs	**antiquus**	**rapere**
nicht benutzen: Stadt, wohnen	*nicht benutzen:* alt, neu	*nicht benutzen:* rauben, wegnehmen, Überfall

3. Formenbausteine

Bilde verschiedene Präsens- und Perfektformen und übersetze sie.

-v-	-u-	-∅-	-e-	-re
mon-	clama-	pugna-	tac-	labora-
narra-	serva-	neca-	vola-	delibera-
-o	-s	-t	-mus	-tis
-nt	-i	-isti	-it	-imus
-istis	-erunt			

4. Formenmalen: Male alle Perfektformen aus.

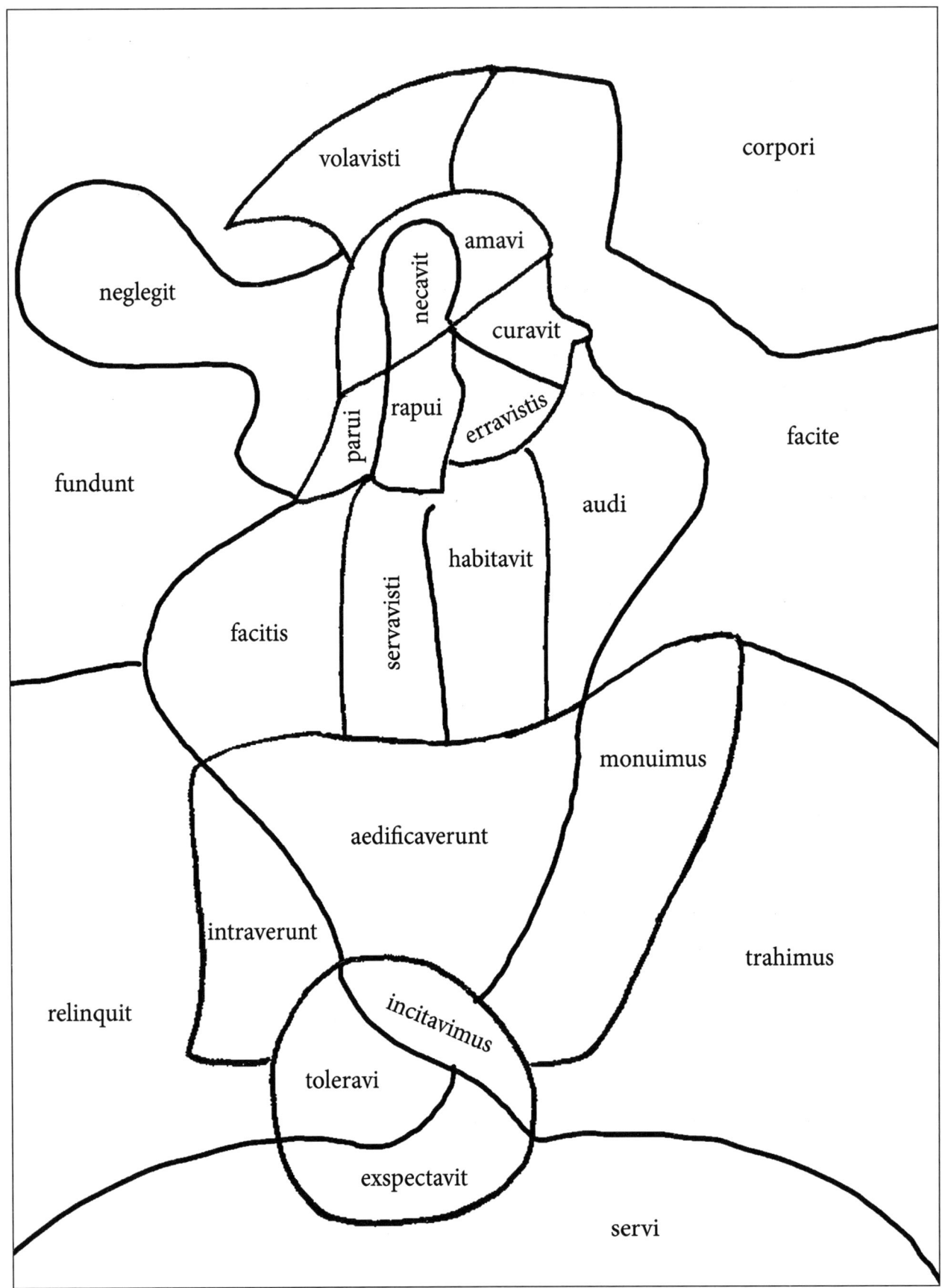

5. Bildergeschichte

Male zu folgender Geschichte einen Comic. Natürlich darfst du auch Sprechblasen hinzufügen.

1. Romulus, postquam fratrem necavit, rex in urbe Roma fuit.

2. Romani, quia uxores non habuerunt, dolum paraverunt: Sabinos ad ludos invitaverunt …

3. … et uxores filiasque eorum rapuerunt.

4. Tum Sabini bellum paraverunt. Sed mulieres Sabinae …

Freiarbeit Lektion 13

1. Wortschatzmemory

nihil	**augēre**	**plus**	**fama**
nichts	vergrößern	mehr	(guter/schlechter) Ruf; Gerücht
calamitas	**gratias agere**	**rumpere**	**beneficium**
Unglück	danken	(zer)brechen	Wohltat
antea	**tribuere**	**rursus**	**remanēre**
vorher; früher	zuteilen	wieder	bleiben

2. Wortschatztabu

Umschreibe folgende Wörter auf Deutsch, ohne die Bedeutungen oder die angegebenen Begriffe zu verwenden. Deine Mitschüler müssen die lateinischen Begriffe raten und ihre deutschen Bedeutungen nennen.

desperare	**beneficium**	**rursus**
nicht benutzen: verzweifeln, traurig sein	*nicht benutzen:* Wohltat, gut	*nicht benutzen:* wieder
restituere	**fama**	**exstinguere**
nicht benutzen: wieder, aufbauen	*nicht benutzen:* Gerücht, Ruf	*nicht benutzen:* löschen, vernichten, Feuer

3. Formenmalen: Male alle Perfektformen aus.

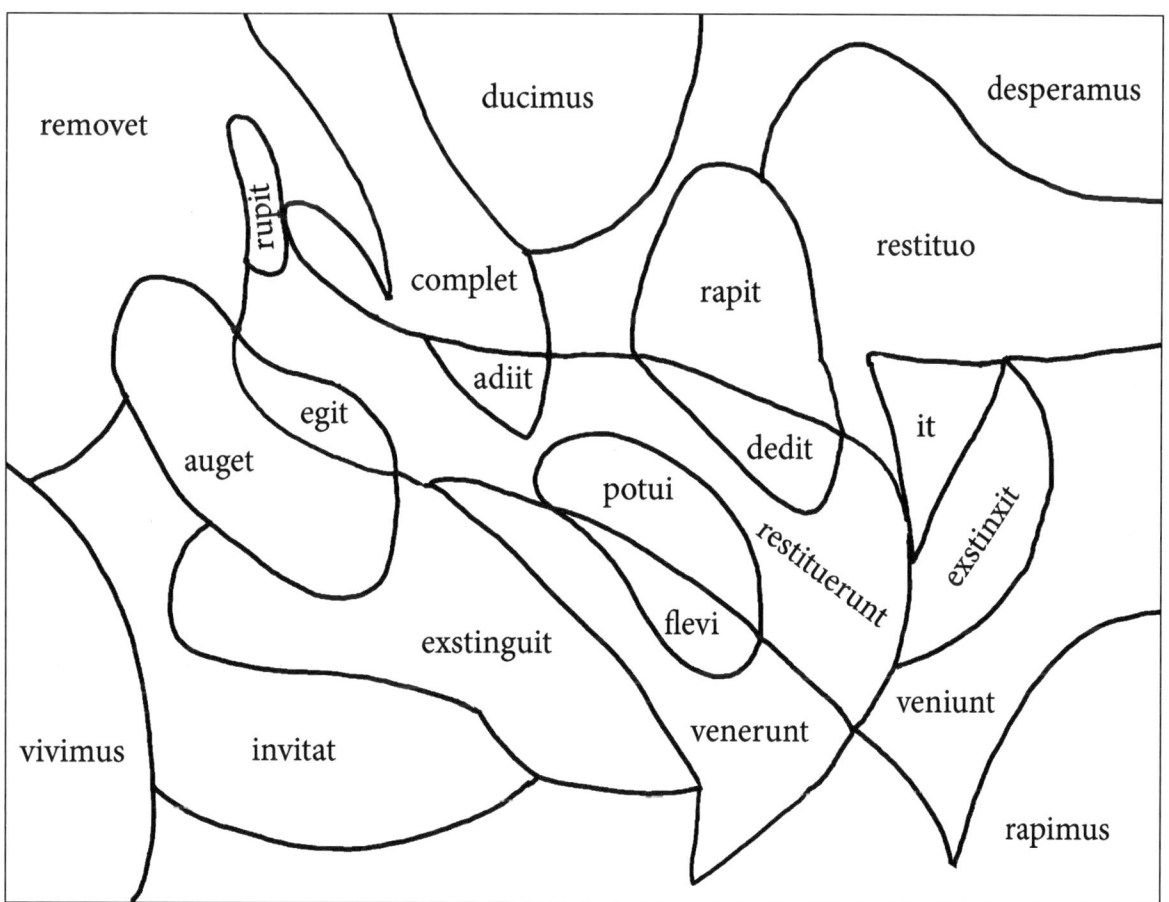

Freiarbeit Lektion 13

4. Stammformen: Kreuze die richtigen Formen an. Wie heißt das Lösungswort?

Infinitiv Präsens | 1. Person Singular Perfekt

1. fundere — ☒ fudi **(G)** / ☐ fundidi **(A)**
2. removere — ☒ removi **(E)** / ☐ remosi **(Q)**
3. augere — ☐ augi **(U)** / ☒ auxi **(R)**
4. reparare — ☐ reparasi **(I)** / ☒ reparavi **(Ü)**
5. invenire — ☒ inveni **(C)** / ☐ invenivi **(L)**
6. posse — ☒ potui **(H)** / ☐ posui **(A)**
7. ire — ☐ ei **(E)** / ☒ ii **(T)**

Lösungswort: **GERÜCHT**

5. So ein Glück!
Nummeriere die Sätze in der richtigen Reihenfolge und übersetze.

	Itaque Sexto gratias agere cupit.
	Murum reparavit et tabernam novis mercibus complevit.
	Incendium tabernam mercatoris delevit.
	Ea pecunia mercator tabernam restituit.
	Pecuniam ei dedit.
	Nunc etiam plus hominum veniunt quam antea; mercator rursus lucrum facit.
	Familia mercatoris de ea calamitate desperavit.
	Sed Sextus mercatori auxilium praebuit.

6. Patron und Klient: Ergänze den Text.

Das Verhältnis von Patron und Klient nützt beiden Partnern. Der _____ hilft seinen _____ bei Rechtsfragen und vor Gericht, fördert ihre _____ Karriere und unterstützt sie, wenn sie _____ brauchen. Dafür kommen sie jeden _____ zu ihm und begleiten ihn zu Terminen. Außerdem gewähren die Klienten ihrem Patron politische Unterstützung, indem sie ihn bei Abstimmungen _____.

Freiarbeit Lektion 14

1. Wortschatzmemory

miles	tantus	oportet	vix
Soldat	so groß	es ist nötig	kaum
contendere	se recipere	clades	sperare
»sich anstrengen« (kämpfen, eilen, behaupten)	sich zurückziehen	Niederlage	hoffen
credere	repellere	pergere	comperire
glauben	vertreiben; zurückschlagen	1. weitermachen 2. aufbrechen (sich auf den Weg machen)	erfahren

2. Wortschatztabu

Umschreibe folgende Wörter auf Deutsch, ohne die Bedeutungen oder die angegebenen Begriffe zu verwenden. Deine Mitschüler müssen die lateinischen Begriffe raten und ihre deutschen Bedeutungen nennen.

miles	**comperire**	**indignus**
nicht benutzen: Soldat, Krieg, kämpfen	*nicht benutzen:* erfahren, mitbekommen	*nicht benutzen:* würdig, unwürdig
natio	**sperare**	**copia**
nicht benutzen: Volk, Nation	*nicht benutzen:* hoffen	*nicht benutzen:* viele, Menge

3. Marcus und der arme Gallus

Schneide die Teile aus. Bilde verschiedene Sätze im AcI und lass deinen Partner übersetzen.

Marcus	dicit	videt	aquam	Gallum
flere	apportare	fundere	placare	se
flevisse	apportavisse	fudisse	placavisse	eum

4. Zeitreise in die Thermen

Stell dir vor, du kannst eine Zeitreise machen. Marcus bzw. Gaia nimmt dich in Rom mit in seine bzw. ihre Lieblingstherme und zeigt dir alles. Paulla folgt euch heimlich. Beschreibe, was geschieht! (Nutze den Sachtext zu den Thermen im Buch als Quelle für Ideen).

5. Bildergeschichte

a) Schneide die kleinen Bilder aus und ordne sie den richtigen Sätzen zu.
b) Setze die Geschichte fort und ergänze das letzte Bild.

1. Amicus mihi famam novam narravit.	2. Ab eo comperi copias Germanorum Rhenum flumen transiisse.	3. Amicus dixit milites nostras magna virtute contendisse.
4. Sed nostri vincere non potuerunt et se receperunt.	5. Imperator Augustus laetus non est.	6. Itaque …

Freiarbeit Lektion 15

1. Wortschatzmemory

quando	**ridēre**	**studēre**	**nescire**
wann	lachen	sich bemühen	nicht wissen
heri	**promittere**	**domum**	**legere**
gestern	versprechen	nach Hause	1. lesen 2. sammeln
mox	**hospes**	**nubere**	**amplus**
bald	Gast	heiraten	1. weit 2 groß; bedeutend

2. Wortschatztabu

Umschreibe folgende Wörter auf Deutsch, ohne die Bedeutungen oder die angegebenen Begriffe zu verwenden. Deine Mitschüler müssen die lateinischen Begriffe raten und ihre deutschen Bedeutungen nennen.

litterae	**nuptiae**	**promittere**
nicht benutzen: Brief, Literatur, Buchstabe, schreiben	*nicht benutzen:* Hochzeit, heiraten	*nicht benutzen:* versprechen
heri	**ridēre**	**scire**
nicht benutzen: gestern, Tag	*nicht benutzen:* lachen, lustig	*nicht benutzen:* wissen, lernen

3. Formenmalen: Male alle Vergangenheitsformen an. Wähle für Perfekt und Imperfekt unterschiedliche Farben.

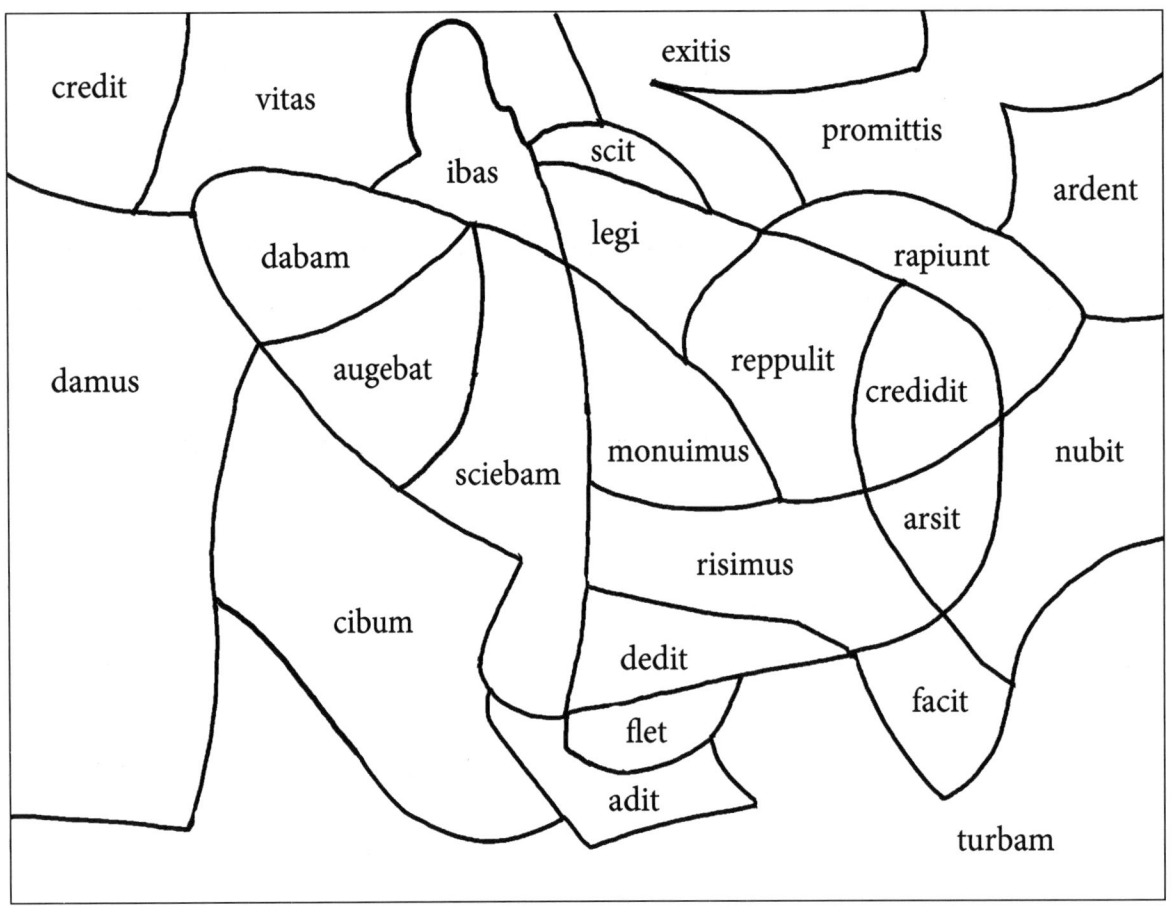

4. Formenbausteine

Bilde verschiedene Präsens- und Imperfektformen und übersetze sie.

a	-e-	-re	-ba-	-m
-o	-s	-t	-mus	-tis
-nt	-u-	-i-		
mone-	contend-	ride-	sci-	labora-
promitt-	serva-	cred-	vola-	leg-
spera-	repell-	auge-	aedifica-	rap-

5. Römische Ehen: Was ist wahr?

Marcus und Paulla sagen zwei wahre Sätze und einen falschen. Entscheide, welche stimmen.

Paulla: »1. Gaia hatte bei ihrer Hochzeit ja gar nichts mitzureden! 2. Aber war klar, dass sie Titus heiratet – sie kannten sich ja schon lange. 3. Und gut, dass sie weiter über ihr Geld bestimmen kann – dann kann sie mir weiter Geschenke kaufen!«

Marcus: »1. Vater kann weiter über Gaia bestimmen. 2. Gaia will doch, was alle Frauen wollen: matrona und mater familias sein! 3. Und Titus wird sie schon gut behandeln, auch wenn sie sich nicht scheiden lassen kann.«

6. Apoll und Daphne

Male ein Bild mit dem, was du verstanden hast. Du brauchst den Text nicht zu übersetzen, darfst aber natürlich, wenn du möchtest.

Amor[1] erat deus magnus. Sed Apollo id credere non cupiebat. Itaque Amor demonstravit se deum magnum esse – et in Apolline amorem magnum incitavit.

Ergo Apollo virginem pulchram vidit – et statim eam amavit. Sed ea virgo Apollinem neque amabat neque eum convenire cupiebat. Semper Apollo eam adire studebat, semper Daphne effugiebat atque se in silvam[2] recipiebat. Ibi tandem in arborem versa est[3].

1 **Amor:** *Gott der Liebe* – 2 **silva,** ae: Wald – 3 **in arborem versa est:** sie wurde in einen Baum verwandelt

Freiarbeit Lektion 16

1. Wortschatzmemory

saepe	**os**	**cras**	**coniunx**
oft	Mund; Gesicht	morgen	Ehemann/ Ehefrau
diligere	**metuere**	**otium**	**optimus**
schätzen; lieben	sich fürchten	1. Ruhe 2. freie Zeit 3. Frieden	der beste
cor	**propter**	**orare**	**colere**
Herz	wegen	bitten	1. bewirtschaften 2. pflegen 3. verehren

2. Wortschatztabu

Umschreibe folgende Wörter auf Deutsch, ohne die Bedeutungen oder die angegebenen Begriffe zu verwenden. Deine Mitschüler müssen die lateinischen Begriffe raten und ihre deutschen Bedeutungen nennen.

saepe	**iucundus**	**oculus**
nicht benutzen: oft, selten, häufig	*nicht benutzen:* angenehm, schön	*nicht benutzen:* Auge, sehen
duo	**exire**	**metuere**
nicht benutzen: zwei, Zahl	*nicht benutzen:* hinausgehen	*nicht benutzen:* sich fürchten, Angst

3. Formenmalen: Male alle Futurformen aus.

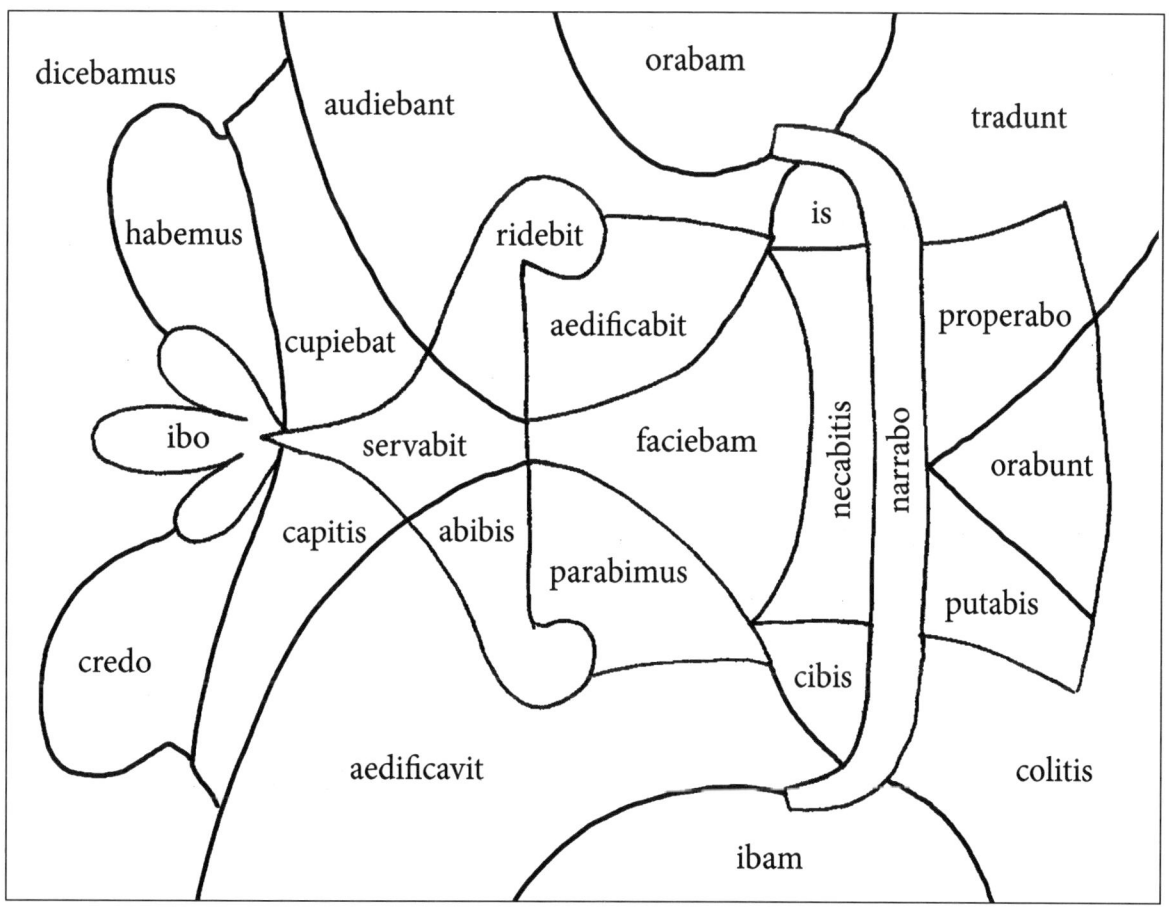

4. Formenbausteine

Bilde verschiedene Formen im Präsens, Imperfekt und Futur und übersetze sie.

-re	-ba-	-b-	-bi-	-bu-
-o	-s	-t	-mus	-tis
-nt	-i	-m		
fle-	aedifica-	ride-	auge-	labora-
spera-	serva-	remane-	vola-	ora-

5. Hochzeit – Heute und damals

Kreuze an, welche Hochzeitsbräuche es gibt – heute, damals oder vielleicht sogar beides? Kennst du weitere Bräuche in Deutschland oder einer anderen Kultur?

Hochzeitsbrauch	damals	heute in Deutschland	
Die Braut wird bei der Feier »entführt«, der Bräutigam muss sie suchen.			
Der Bräutigam trägt die Braut über die Schwelle.			
Das Brautpaar spricht ein Hochzeitsversprechen.			
Die Braut trägt einen roten Schleier.			
Braut und Bräutigam sägen gemeinsam einen Baumstamm durch.			
Die Braut opfert vor der Hochzeit ihr Spielzeug.			

Freiarbeit Lektion 17

1. Wortschatzmemory

dolor	**aliquando**	**victoria**	**patria**
Schmerz	irgendwann	Sieg	Heimat
tempus	**superare**	**nuntius**	**bene**
Zeit	besiegen; übertreffen	Bote; Nachricht	gut
modus	**civis**	**salvus**	**fugere**
Art (und Weise)	Bürger	gesund; am Leben	fliehen

2. Wortschatztabu

Umschreibe folgende Wörter auf Deutsch, ohne die Bedeutungen oder die angegebenen Begriffe zu verwenden. Deine Mitschüler müssen die lateinischen Begriffe raten und ihre deutschen Bedeutungen nennen.

praetor	**consul**	**superare**
nicht benutzen: Prätor	*nicht benutzen:* Konsul	*nicht benutzen:* besiegen, Krieg
dolor	**fugere**	**tempus**
nicht benutzen: Schmerz, weh tun	*nicht benutzen:* fliehen, wegrennen, weglaufen, Flucht	*nicht benutzen:* Zeit, Vergangenheit, Zukunft, Gegenwart

3. Formenmalen: Male alle Futurformen aus.

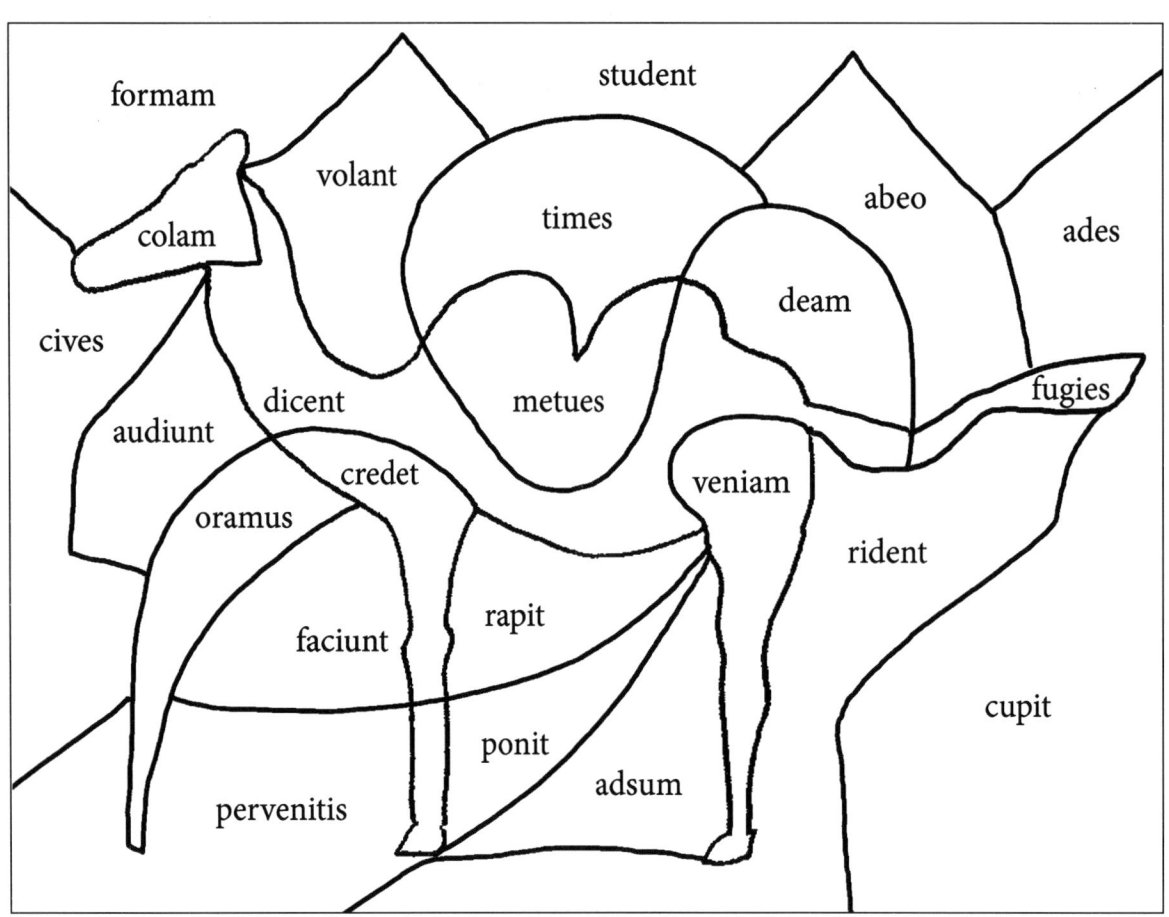

4. Formenbausteine

Bilde verschiedene Formen im Präsens, Imperfekt und Futur und übersetze sie.

-re	-ba-	-b-	-bi-	-bu-
-o	-s	-t	-mus	-tis
-nt	-ā	-m	-e-	-a-
-i-	-u-	aedifica-	mone-	ride-
fug-	veni-	cap-	promitt-	leg-

5. Langes oder kurzes e?

Kreuze an, zu welcher Konjugationsklasse die Verben gehören.

1. fugere   ☐ e-Konj. **(N)**   ☐ kons. bzw. kurzvok. i-Konj. **(T)**
2. videre   ☐ e-Konj. **(E)**   ☐ kons. bzw. kurzvok. i-Konj. **(A)**
3. rapere   ☐ e-Konj. **(F)**   ☐ kons. bzw. kurzvok. i-Konj. **(M)**
4. neglegere   ☐ e-Konj. **(T)**   ☐ kons. bzw. kurzvok. i-Konj. **(P)**
5. movere   ☐ e-Konj. **(U)**   ☐ kons. bzw. kurzvok. i-Konj. **(I)**
6. facere   ☐ e-Konj. **(R)**   ☐ kons. bzw. kurzvok. i-Konj. **(S)**
7. studere   ☐ e-Konj. **(F)**   ☐ kons. bzw. kurzvok. i-Konj. **(A)**
8. pergere   ☐ e-Konj. **(L)**   ☐ kons. bzw. kurzvok. i-Konj. **(U)**
9. ducere   ☐ e-Konj. **(L)**   ☐ kons. bzw. kurzvok. i-Konj. **(G)**
10. promittere   ☐ e-Konj. **(U)**   ☐ kons. bzw. kurzvok. i-Konj. **(I)**
11. ridere   ☐ e-Konj. **(T)**   ☐ kons. bzw. kurzvok. i-Konj. **(S)**

Lösungswort: _____

6. Aurelia und Gaia plaudern über Politik

Arbeite aus dem Text heraus, wie Gaia und Aurelia jeweils zu einem politisch aktiven Leben stehen. (Nutze auch dein Wissen bzw. den Sachtext zur Ämterlaufbahn im Buch.)

Kurz nach ihrer Hochzeit besucht Gaia ihre Mutter. Nachdem Aurelia ihrer Tochter einige Knabbereien angeboten hat, fragt sie sie über Titus' Pläne für die Zukunft aus.

»Und?« Aurelia lächelt ihre älteste Tochter neugierig an. »Wann will sich dein Mann zum Quästor wählen lassen?«

Gaia lächelt zurück. »Mama, lass ihn doch erst einmal seine Zeit beim Militär zu Ende machen!«

»Nein, nein, nein, filia mea, Männer bringen es zu gar nichts von allein. Wenigstens du musst für ihn alles geplant haben, sonst wird das nichts!« Aurelia seufzt. »Wenn ich daran denke, wie dein Vater sich manchmal treiben lässt!«

Gaia nimmt sich ein paar grüne Oliven. »Titus ist nicht Papa! Auch *wenn* er keine Lust auf die ganze Organisation der Steuern hat.«

Aurelia gießt ihrer Tochter Fruchtsaft nach und zieht eine säuberlich gezupfte Augenbraue hoch. »Aber das muss er doch nicht selbst machen, wofür gibt es Sklaven? Lege du rechtzeitig Geld beiseite, dann könnt ihr jemand Fähigen kaufen, der die ganzen Pflichten erledigt! Genauso macht er es dann als Ädil auch. Achja – hat er sich eigentlich schon überlegt, von wem er sich das Geld für die Ausrichtung der Spiele leihen kann?«

Gaia versucht, ihre Mutter zu unterbrechen, aber die ist voll in Fahrt und gestikuliert mit einem Stück Brot. »Er muss ja nicht C. Iulius Caesar imitieren, aber außergewöhnliche Spiele *sind* nun mal der beste Weg, das Volk für sich zu gewinnen!«

Gaia wird etwas schnippisch – beinahe hätte ihre Stola einen Fettfleck abbekommen. »Mama, dir ist Olivenöl auf den Boden getropft! Soll mein Mann vielleicht auch noch Prätor und Konsul werden? Ich würde gern erst mal das Leben mit Titus genießen. Wenn er politisch so aktiv ist, sehe ich ihn doch kaum noch!«

»Gaia, sitz bitte gerade! Vertrau mir, als Frau eines Statthalters lebt es sich viel angenehmer als als Frau eines eques!«

Lösungen der Tests

Diagnosetest Lektion 1

1. Wortschatz: *1 Punkt pro gewusstem Wort*
1) da sein, helfen – 2) Stille, Schweigen – 3) Tochter – 4) plötzlich – 5) müssen, schulden, verdanken – 6) schon

2. Formen: Singular und Plural unterscheiden: *1 Punkt pro richtigem Kreuz*
servi: Plural
filia: Singular
negotia: Plural
dominus: Singular
debent: Plural
habitat: Singular

3. Satzglieder: *2 Punkte pro Satz (1 für Satzglieder, 1 für Übersetzung)*
a) Caper *(Subjekt; blau)*   non paret *(Prädikat; rot)*. Der Ziegenbock gehorcht nicht.
b) Sevus *(Subjekt; blau)*   adest *(Prädikat; rot)*. Der Sklave ist da.
c) Liberi *(Subjekt; blau)*   veniunt *(Prädikat; rot)*. Die Kinder kommen.

4. Antike Kultur: Namen: *2 Punkte pro Namensteil*
Ein römischer Männername besteht aus 3 Teilen: Vorname (praenomen) – Familiennamen (nomen gentile) – Beinamen (cognomen) z. B. Sextus Selicius Comis

Diagnosetest Lektion 2

1. Wortschatz: *1 Punkt pro gewusstem Wort*
1) es ist notwendig – 2) endlich – 3) sehen – 4) sagen – 5) immer – 6) behandeln, pflegen, sich um etwas kümmern, sorgen für

2. Formen: Formen des Akkusativs erkennen: *1 Punkt pro richtiger Form; Minus-Punkt für falsche Form*
liberos – dona – dominam – negotium – cibos – frumentum

3. Satzglieder: *2 Punkte pro Satz (1 für Satzglieder, 1 für Übersetzung)*
a) Caper *(Subjekt; blau)*   carrum *(Objekt; grün)*   non trahit *(Prädikat; rot)*.
Der Ziegenbock zieht den Wagen nicht.
b) Donum *(Objekt; grün)*   exspectat *(Prädikat; rot)*. Er erwartet ein Geschenk.
c) Sed servus *(Subjekt; blau)*   caprum *(Objekt; grün)*   incitat *(Prädikat; rot)*.
Aber der Sklave treibt den Ziegenbock an.

4. Antike Kultur: Familie: *viele Punkte genannt: 6 Punkte; einige Punkte genannt: 3 Punkte*
Gemeinsamkeiten: Vater, Mutter, Kinder
Unterschiede zu heutiger Familie: heute keine Sklavenhaltung, meist weniger Geschwister, manchmal getrennte Eltern, Vater kann nicht über die anderen bestimmen (nicht wie der *pater familias*)

Diagnosetest Lektion 3

1. Wortschatz: *1 Punkt pro gewusstem Wort*
1) Junge – 2) tüchtig, anständig, gut – 3) ertragen – 4) schön – 5) auch – 6) viele

2. Formen: Formen nach KNG zuordnen: *1 Punkt pro richtiger Form*
a) bona – b) malum – c) pulchrum – d) probus – e) malum – f) pulchras

3. Imperativ und Vokativ: *2 Punkte pro Satz und 2 Punkte für die Erklärung*
a) Der Sklave bringt Getreide.
b) Sklave, bring Getreide!
Erklärung: In a) wird beschrieben, was der Sklave tut, in b) wird er dazu aufgefordert. Deshalb steht das Verb in b) im Imperativ (Befehlsform), und der Sklave im Vokativ (Anredeform).

4. Antike Kultur: Sklaven: *2 Punkte pro Stichpunkt*
- Sie mussten arbeiten.
- Sie mussten tun, was man ihnen sagte.
- Sie mussten treu sein.
- Sie hatten keine Rechte.
- Manche wurden aber auch gut behandelt.
- Manche wurden sogar für ihre Arbeit bezahlt.

Diagnosetest Lektion 4

1. Wortschatz: *1 Punkt pro gewusstem Wort*
1) Friede – 2) stehen – 3) groß, bedeutend – 4) dann, damals, darauf – 5) Gott – 6) annehmen, bekommen, erfahren

2. Formen: Nominativ oder Akkusativ: *1 Punkt pro richtig analysierter Form*
a) Akkusativ – b) beides – c) Nominativ – d) Akkusativ – e) Nominativ – f) beides

3. Formen: Formen nach KNG zuordnen: *1 Punkt pro richtigem Adjektiv*
a) probi – b) probae – c) bonum – d) bonam – e) malos – f) pulchrum

4. Antike Kultur: Sklaven: *2 Punkte pro Stichpunkt*
Mögliche Antworten: Wein, Blumen, Tiere, Früchte

Diagnosetest Lektion 5

1. Wortschatz: *1 Punkt pro gewusstem Wort*
1) Kraft, Gewalt, Streitkräfte (Pl.) – 2) Gegner – 3) mit – 4) Kampf, Schlacht – 5) anfangen – 6) verlieren

2. Formen: Ablativformen erkennen: *1 Punkt pro richtiger Form; Minus-Punkt für falsche Form*
sorore – liberis – hora – corporibus – bono – filia

3. Ablativfunktionen: *2 Punkte pro Satz (1 Punkt Fragen, 1 Punkt Übersetzung)*
a) Gaia ist mit ihrem Bruder auf dem Marsfeld. (Frage: Mit wem? Wo?)
b) Die Gladiatoren kämpfen mit ihren Schwertern. (Frage: Womit?)
c) Gaia feuert die Gladiatoren mit lauter Stimme an. (Frage: Wie? / Womit?)

4. Antike Kultur: Gladiatoren: *6 Punkte für Antwort*
Gladiatoren sind Menschen, die zur Unterhaltung gegeneinander kämpfen.

Diagnosetest Lektion 6

1. Wortschatz: *1 Punkt pro gewusstem Wort*
1) vielleicht – 2) vor allem – 3) hell, strahlend, berühmt – 4) Ehefrau – 5) auch wenn – 6) weil

2. Personalpronomina: *je 1 Punkt pro Wort in 2.1; je 1 Punkt pro Satz in 2.2*
2.1 a) Nominativ – b) Akkusativ – c) beides – d) Akkusativ
2.2 a) Ich bin da. – b) Ich sehe euch nicht.

3. Verformen bestimmen und übersetzen: *2 Punkte pro Form (1 Punkt Bestimmung, 1 Punkt Übersetzung)*
a) 1. Person Plural, wir sehen – b) 1. Person Singular, ich singe – c) 2. Person Plural, ihr hört

4. Antike Kultur: Horaz: *6 Punkte für ganze Antwort; 3 Punkte für Teilantwort*
Horaz war ein Dichter, der für die Säkularfeier ein Gedicht geschrieben hat. Er war klein und dick und hatte Humor. Er lebte von 65 bis 8 v. Chr.

Diagnosetest Lektion 7

1. Wortschatz: *1 Punkt pro gewusstem Wort*
1) unterstützen, helfen, erfreuen – 2) zerstören – 3) Frau – 4) Wohlergehen, Rettung – 5) und – 6) (be)siegen

2. Formen: Genitivformen erkennen: *1 Punkt pro richtiger Form; Minus-Punkt für falsche Form*
mulieris – miseriae – doni – mercatorum – puellarum – salutis

3. Genitive übersetzen: *2 Punkte pro Ausdruck*

a) das Geschäft des Händlers – b) das Wohlergehen der Familie – c) das Geschrei der Frauen

4. Mehrdeutige Formen erkennen: *3 Punkte pro Satz (je 1,5 Punkte für Bestimmung und Übersetzung)*

a) pueri – Genitiv Sg.: Marcus freut sich über das Wohlergehen/die Rettung des Jungen.
b) pueri – Nominativ Pl.: Die Jungen sind froh.

5. Antike Kultur: Brände: *6 Punkte für ganze Antwort; 3 Punkte für Teilantwort*

Es brannte oft in Rom, weil die Häuser schlecht gebaut waren. Deshalb war Kochen in Mietswohnungen verboten. Augustus gründete eine erste staatliche Feuerwehr.

Diagnosetest Lektion 8

1. Wortschatz: *1 Punkt pro gewusstem Wort*

1) am meisten, sehr, besonders – 2) ergreifen, festnehmen, begreifen – 3) geben – 4) er / sie sagt –
5) fragen, suchen – 6) Esel

2. Formen: Dativformen erkennen: *1 Punkt pro richtiger Form; Minus-Punkt für falsche Form*

herbae – pecori – vobis – mercatoribus – pulchro – mihi

3. Mehrdeutige Formen erkennen: *2 Punkte pro Satz (1 Punkt für Bestimmung und 1 Punkt für Übersetzung)*

a) asino: Dativ Singular m. – Paulla gibt dem Esel Petersilie.
b) petrosileno: Ablativ Singular n. – Der Esel freut sich über die Petersilie.
c) bestiae: Nominativ Plural f. / Paullae: Dativ Singular f. – Tiere gefallen Paulla sehr.

4. Verbformen bestimmen: *2 Punkte pro Form (1 Punkt für Bestimmung und 1 Punkt für Übersetzung)*

a) 2. Person Singular, du kannst – b) 3. Person Plural, sie können – c) 2. Person Plural, ihr könnt

Diagnosetest Lektion 9

1. Wortschatz: *1 Punkt pro gewusstem Wort*

1) es steht fest, dass – 2) falls, wenn – 3) denn – 4) genau kennen, genau wissen – 5) meinen, beschließen –
6) tun, machen

2. AcI-Auslöser erkennen: *1 Punkt pro richtigem Wort; Minus-Punkt für falsches Wort*

necesse est – videre – dicere – constat – censere – audire

3. AcI markieren: *2 Punkte pro Satz*

a) Avus [liberos laborare] cupit.
b) Sextus: »Necesse est [liberos laetos esse].«
c) Sed Aurelia dicit [liberos etiam officia habere].

4. AcI übersetzen: *2 Punkte pro Satz*

a) Großvater möchte, dass die Kinder arbeiten.
b) Sextus: »Es ist notwendig, dass Kinder glücklich sind.«
c) Aber Aurelia sagt, dass Kinder auch Pflichten haben.

5. Antike Kultur: Cato: *6 Punkte für ganze Antwort; 3 Punkte für Teilantwort*

mögliche Antwort: Marcus Porcius Cato Censorius war konservativ und streng. Er war für Disziplin und Sparsamkeit, obwohl er trotzdem ein Familienmensch war. Großvater ist ebenfalls konservativ und streng, deswegen ist Cato für ihn ein Vorbild.

Diagnosetest Lektion 10

1. Wortschatz: *1 Punkt pro gewusstem Wort*

1) Geld – 2) nicht beachten, missachten, vernachlässigen   3) in der Tat, sicherlich – 4) *einer Sache* würdig –
5) teuer, wertvoll, lieb – 6) bemerken, verstehen

2. Formen: is, ea, id: *0,5 Punkte pro richtig einsortierter Form*

	Singular			Plural		
Nom.	is	ea	id		ea	
Gen.	eius	eius	eius		earum	
Dat.						
Akk.		eam	id		ea	
Abl.		ea				

3. Übersetzen: *2 Punkte pro Satz*
a) Sextus: »Diese Toga ist teuer.«
b) Trotzdem kauft Aurelia sie.
c) Der Händler nimmt das Geld von ihrer Sklavin an.

4. Antike Kultur: Toga: *6 Punkte für ganze Antwort; 3 Punkte für Teilantwort*
Die Toga war sehr unpraktisch. Sie war ein mehrere Meter großes Stoffstück, das man nicht allein anziehen konnte. Außerdem war sie teuer.

Diagnosetest Lektion 11

1. Wortschatz: *1 Punkt pro gewusstem Wort*
1) König – 2) erzählen – 3) gebären, hervorbringen, erwerben – 4) treu – 5) obwohl – 6) retten, bewahren

2. AcI markieren: *2 Punkte pro Satz*
a) Paulla narrat [servum liberos servare].
b) Servus [se regi parere] dicit.
c) Sed simulat [se liberos necare].

3. AcI übersetzen: *2 Punkte pro Satz*
a) Paulla erzählt, dass ein Sklave die Kinder rettet.
b) Der Sklave sagt, dass er dem König gehorcht.
c) Aber er täuscht (nur) vor, die Kinder zu töten.

4. Formen von *ire* bestimmen und übersetzen: *2 Punkte pro Form (1 Punkt Bestimmung, 1 Punkt Übersetzung)*
a) 3. Person Singular, er geht
b) 1. Person Plural, wir gehen
c) 3. Person Plural, sie gehen

5. Antike Kultur: Vestalin: *6 Punkte für ganze Antwort; 3 Punkte für Teilantwort*
Eine Vestalin ist eine Priesterin der Vesta. Die Vestalinnen wachten über das ewige Feuer im Tempel der Göttin. Sie waren unverheiratet und genossen hohes Ansehen in der Gesellschaft.

Diagnosetest Lektion 12

1. Wortschatz: *1 Punkt pro gewusstem Wort*
1) ohne – 2) bedeutende Stadt, Rom – 3) rauben, wegreißen – 4) führen, meinen, halten für – 5) leben – 6) Grenze, Ende, Ziel, Zweck

2. Formen: Perfektformen erkennen: *1 Punkt pro richtiger Form; Minus-Punkt für falsche Form*
paravimus – fuisti – debui – demonstraverunt – audivistis – tacuisti

3. Perfektformen bestimmen und übersetzen: *2 Punkte pro Form (1 Punkt Bestimmung, 1 Punkt Übersetzung)*
a) 1. Person Singular Perfekt, ich habe erzählt
b) 3. Person Plural Perfekt, sie haben gebaut
c) 1. Person Plural Perfekt, wir haben überlegt

4. Einrückmethode: *2 Punkte pro Satz*

a) Amici Romuli,
    <u>postquam</u> urbem aedificaverunt,
deliberaverunt:

b) »Uxores nobis non sunt,
    <u>quamquam</u> urbs pulchra est.

c) Mulieres a Sabinis rapere debemus,
    <u>quia</u> vere pulchrae sunt.«

5. Antike Kultur: Schulsystem: *6 Punkte für ganze Antwort; 3 Punkte für Teilantwort*

In Rom gab es drei Phasen der Schulbildung: Elementarschule, Grammatikschule, Rhetorik. In der Elementarschule lernte man das ABC, in der Grammatikschule römische und griechische Literatur. Beim Rhetoriklehrer übte man die Redekunst, wenn man z. B. Politiker werden wollte.

Diagnosetest Lektion 13

1. Wortschatz: *1 Punkt pro gewusstem Wort*

1) zuteilen – 2) Ruf, Gerücht – 3) anfüllen – 4) Mauer – 5) (zer-)brechen – 6) wieder

2. Stammformen: *1 Punkt pro gewusstem Wort*

posse – dare – ardere – complere – augere – restituere

3. Formen: Perfektformen erkennen: *1 Punkt pro richtiger Form; Minus-Punkt für falsche Form*

rupit – removerunt – flevi – dedit – deleverunt – exstinxit

4. Perfektformen bestimmen und übersetzen: *2 Punkte pro Form (1 Punkt Bestimmung, 1 Punkt Übersetzung)*

a) 3. Person Singular Perfekt von complere, er hat angefüllt
b) 1. Person Singular Perfekt von facere, ich habe getan
c) 1. Person Plural Perfekt von dicere, wir haben gesagt

5. Antike Kultur: Klienten: *6 Punkte für ganze Antwort; 3 Punkte für Teilantwort*

Ein Patron hilft dem Klienten (juristisch, politisch, materiell) und ein Klient gibt dem Patron dafür politische Unterstützung.

Diagnosetest Lektion 14

1. Wortschatz: *1 Punkt pro gewusstem Wort*

1) kaum – 2) es gehört sich, es ist nötig – 3) erfahren – 4) Menge, Vorrat, Möglichkeit, Truppen (Pl.) – 5) sich anstrengen, kämpfen, eilen, behaupten – 6) Niederlage, Katastrophe

2. Stammformen: *1 Punkt pro gewusstem Wort*

petere – repellere – vincere – credere – accipere – restituere

3. AcI markieren: *2 Punkte pro Satz*

a) Marcus comperit [<u>Germanos</u> cum Romanis <u>contendisse</u>].
b) Marcus [<u>Germanos</u> Romanis aquilam <u>eripuisse</u>] narrat.
c) Non oportet [<u>Augustum</u> eam cladem <u>tolerare</u>].

4. Zeitverhältnis: *2 Punkte pro Satz*

a) VZ – b) VZ – c) GZ

5. AcI übersetzen: *2 Punkte pro Satz*

a) Marcus erfährt, dass die Germanen mit den Römern gekämpft haben.
b) Marcus erzählt, dass die Germanen den Römern ihren Legionsadler entrissen haben.
c) Es gehört sich nicht, dass Augustus diese Niederlage toleriert.

6. Antike Kultur: aquila: *6 Punkte für ganze Antwort; 3 Punkte für Teilantwort*

Eine aquila ist der sogenannte Legionsadler, ein Abzeichen einer Legion. Jede Legion hatte eine und es war eine große Schande, sie im Kampf zu verlieren.

Diagnosetest Lektion 15

1. Wortschatz: *1 Punkt pro gewusstem Wort*
1) lachen – 2) Liebe – 3) wissen – 4) zusammenkommen, treffen, sich einigen – 5) bald – 6) wie

2. Stammformen: *1 Punkt pro gewusstem Wort*
intellegere – nescire – promittere – iubere – ducere – quaerere

3. Formen: Imperfektformen erkennen: *1 Punkt pro richtiger Form; Minus-Punkt für falsche Form*
intellegebat – conveniebas – legebamus – studebatis – sciebant – quaerebat

4. Imperfektformen bestimmen und übersetzen: *2 Punkte pro Form (1 Punkt Bestimmung, 1 Punkt Übersetzung)*
a) 2. Person Singular Imperfekt von esse, du warst
b) 1. Person Singular Imperfekt von legere, ich las
c) 3. Person Plural von dicere, sie sagten

5. Antike Kultur: Ehe: *6 Punkte für ganze Antwort; 3 Punkte für Teilantwort*
Eine römische Ehe war häufig arrangiert. Niemand steht heute mehr unter jemandes Vormundschaft, im Gegensatz zur römischen Kultur. Ähnlich ist dagegen, dass Frauen und Männer selbst Geschäfte tätigen können und sich scheiden lassen können.

Diagnosetest Lektion 16

1. Wortschatz: *1 Punkt pro gewusstem Wort*
1) wegen – 2) hinausgehen – 3) sich intensiv beschäftigen mit, bewirtschaften, pflegen, verehren – 4) schätzen, lieben – 5) (sich) fürchten – 6) oft

2. Stammformen: *1 Punkt pro gewusstem Wort*
amittere – diligere – colere – parēre – parĕre – dare

3. Formen: Futurformen erkennen: *1 Punkt pro richtiger Form; Minus-Punkt für falsche Form*
adibimus – delectabitis – immolabunt – dabo – invitabit – laborabis

4. Futurformen bestimmen und übersetzen: *2 Punkte pro Form (1 Punkt Bestimmung, 1 Punkt Übersetzung)*
a) 3. Person Plural Futur, sie werden wohnen
b) 1. Person Singular Futur, ich werde hinausgehen
c) 2. Person Singular Futur, du wirst eintreten

5. Antike Kultur: Hochzeitsbräuche: *pro Spiegelstrich 2 Punkte*
- Sprechen des Satzes: »Ubi tu Gaius ego Gaia.«
- Anwesenheit einer pronuba (ältere verheiratete Frau, die Juno repräsentiert).
- Die Braut opfert am Tag vor ihrer Hochzeit ihr Spielzeug.
- Die Braut trägt einen roten Schleier bei der Zeremonie.
- Es wird ein Ehevertrag unterzeichnet.
- Die Feier findet im Haus der Brauteltern statt.

Diagnosetest Lektion 17

1. Wortschatz: *1 Punkt pro gewusstem Wort*
1) Schmerz – 2) fliehen – 3) Ehre, Ehrenamt – 4) Geist, Sinn, Gesinnung, Herz, Mut – 5) Zeit – 6) besiegen, übertreffen

2. Stammformen: *1 Punkt pro gewusstem Wort*
capere – movere – videre – tradere – neglegere – reddere

3. Konjugation: *1 Punkt pro gewusstem Wort*

	e-Konj.	kons. Konj.
contendere		x
pergere		x
videre	x	
colere		x
movere	x	
tradere		x

4. Formen: Futurformen erkennen: *1 Punkt pro richtiger Form; Minus-Punkt für falsche Form*
iubebis – sciam – colet – perget – contendent – iuvabo

5. Antike Kultur: cursus honorum: *6 Punkte für ganze Antwort; 3 Punkte für Teilantwort*
Quästor, Ädil, Prätor, Konsul

Lösungen zum Freiarbeitsmaterial

Lektion 1

3. Formenmalen: Es ergibt sich das Bild eines Karrens.
Pluralformen sind: negotia – servi – adsunt – intrant – filiae – veniunt

4. Singular oder Plural: Das Lösungswort lautet »Gallus«.

5. Sätze ergänzen: Das Lösungswort lautet »Paulla«.
1. Hier wohnen Aurelia und Sextus.
2. Der Herr wartet.
3. Aber die Kinder sind nicht da.
4. Wo sind die Kinder?
5. Jetzt kommt der Sohn herein.
6. Auch die Töchter sollen kommen.

6. Ein unverwechselbarer Charakter: Aurelia verhält sich herrisch und bestimmend.
Marcus gehorcht nicht.
Aurelia: »Kinder müssen gehorchen!«
Marcus: »Aber warum müssen Kinder gehorchen? Warum?«
Aurelia: »Ruhe!«

7. Aller guten Dinge sind drei!
Ein römischer Männername besteht aus 3 Teilen:
Marcus (praenomen) Selicius (nomen gentile) Comis (cognomen)

8. Abkürzungen
M. = Marcus – A. = Aulus – Q. = Quintus – Sex. = Sextus – L. = Lucius – C. = Gaius – P. = Publius – T. = Titus – D. = Decius

Lektion 2

3. Formenmalen: Es ergibt sich das Bild eines Ziegenbocks.
Akkusativformen sind: dominas – servos – bestiam – cibum – donum – negotia – filiam

4. Subjekt oder Objekt: Das Lösungswort lautet »subito«.

5. Endungen ergänzen: Das Lösungswort lautet »caper«.
Übersetzung: 1. Der Ziegenbock sieht die Kinder. – 2. Der Ziegenbock sieht auch Aurelia. – 3. Der Ziegenbock will Geschenke. – 4. Paulla holt Gräser. – 5. Der Ziegenbock sieht das Fressen.

6. Bild zum Text
Aurelia treibt ihre Sklaven an: »Es ist nötig, sich um die Tiere zu kümmern. Die Tiere wollen Fressen!« Aber die Sklaven gehorchen nicht sofort. Schon will Aurelia die Sklaven schlagen. Endlich gehorchen sie und holen Getreide und Gräser.

Lektion 3

3. Formenmalen: Es ergibt sich das Bild eines Fischs.
Imperative sind: es – audi – desinite – incita – relinquite – curate – vide – tace

4. Subjekt oder Objekt: Das Lösungswort lautet »miser«.

5. KNG: Das Lösungswort lautet »Sextus«.

Lektion 4

3. Formenmalen: Es ergibt sich das Bild einer Harfe (gekippt).
Akkusativ kann sein: carmina – puellas – cibos – deum – pacem – homines – hostias

4. Subjekt oder Objekt: Das Lösungswort lautet »hostia«.

5. KNG: Das Lösungswort lautet »fortuna«.

7. Bildergeschichte

Bild 1: Die Menschen kaufen Essen. (Bild: Marktstand)
Bild 2: Dann gehen sie in den Tempel hinein. (Bild: Fuß mit Tempel)
Bild 3: Dort flehen sie die Götter an. (Bild: betende Menschen)
Bild 4: Ein kleines Mädchen weint. (Bild: weinendes Gesicht)
Bild 5: Aber der Bruder tröstet seine Schwester: Weine nicht! (Bild: weinendes Gesicht, durchgestrichen)
Bild 6: Die Priester opfern nicht den Ziegenbock, sondern Nahrung. (Bild: durchgestrichener Ziegenbock)

Lektion 5

3. Formenmalen: Es ergibt sich das Bild eines Gladiatorenhelms (gekippt).

Ablativ kann sein: signo – hora – fratre – carminibus – negotiis – dis – voce

4. Ablative

b) … mit dem berühmten Lydus (mit wem?)
c) … in der Arena (wo?)
d) … mit Afer (mit wem?)
e) … nach einigen Minuten (wann?)
f) … am ganzen Körper (wie? / wo?)
g) … mit seinem Dreizack (womit?)
h) … von ihrem Sitz (wovon weg?) … mit lauter Stimme (womit? / wie?)

5. Gladiatoren

Begräbnissen – Sklaven – Kurzschwertern – sich beliebt zu machen / Stimmen zu holen – drei

Lektion 6

3. Formenmalen: Es ergibt sich das Bild eines Schwerts (alles außenrum ist angemalt).

Verformen sind: venitis – emo – salutatis – vides – pugno – verberas – placamus – das – flemus – dicitis – petis

4. Verbformen: Das Lösungswort lautet »Marcus«.

7. Lesen und verstehen

Sextus: »Freut ihr euch denn über das Gedicht des Horaz, Kinder?«
Gaia: »Mir gefällt es!«
Marcus: »Ich und Paulla freuen uns nicht über das Lied! Wir sehen nichts!«
Gaia: »Aber hört! Hört die Jungen singen! Gefällt dir das etwa nicht, Paulla?«
Paulla: »Nichts gefällt mir! Nichts!«

8. Wer ist wer?

Augustus: erster römischer Kaiser – Horaz: römischer Dichter – Pluto: Gott der Unterwelt – Tiber: Fluss in Rom – Marsfeld: Gebiet mit vielen öffentlichen Gebäuden – carmen saeculare: Gedicht – Iuppiter: oberster Gott – Apoll: Gott der Kunst

Lektion 7

3. Formenmalen: Es ergibt sich das Bild einer Kanne (gekippt).

Genitivformen können sein: miseriae – mercis – frumenti – mariti – corporis – pueri – fratrum – servorum

4. KNG: Das Lösungswort lautet »taberna ardet«.

5. Wessen?: Das Lösungswort lautet »salus«.

6. Bild zum Text

Das Geschäft des Händlers brennt. Der Händler weint, weil der Brand seinen ganzen Besitz zerstört. Eine Menschenmenge steht dort herum und schaut den Flammen zu. Aber Marcus will die Not der Familie nicht ertragen. Er hilft der Familie des Händlers und trägt Wasser herbei.

Lösungen zum Freiarbeitsmaterial

7. Formendomino

iniquos | clamore – magno | salutis – bonae | mercatoris – miseri | sacerdotum – laetorum | uxores – miseras | mulierum – multarum | salute – bona | carmen – pulchrum | pacem – bonam | corpus – laetum | auxiliis – malis | homines – iniquos

Lektion 8

3. Formenmalen: Es ergibt sich das Bild eines Esels.

Dativformen können sein: servis – asinis – tibi – nobis – pecori – verbis – filiae – equo

4. KNG: Das Lösungswort lautet »properare«.

6. Satz-Salat

1 C – 2 G – 3 B – 4 E – 5 D – 6 A – 7 F

Die Not des Händlers
– Satz 1: Flammen können das Geschäft zerstören.
– Satz 4: Der Händler kann seine Not nicht ertragen.
– Satz 6: Sextus kann dem Händler helfen.

Die Kinder und der Esel
– Satz 3: Der Großvater: »Gaia, kannst du den Esel sehen?«
– Satz 5: Gaia: »Ich kann den Esel nicht sehen.«
– Satz 7: Paulla und Marcus können den Esel sehen.
– Satz 2: Paulla und Marcus: »Wir können den Esel sicher einfangen.«

7. Formendomino

claros | corpus – pulchrum | pacem – bonam | clamori – magno | mulierum – pulchrarum | auxiliis – totis | carmen – laetum | imperatori – iniquo | salutis – bonae | mercatoris – miseri | sacerdotibus – multis | uxores – miseras | homines – claros

8. Bildergeschichte

Bild 1: Aber wo ist der Esel? Die Kinder suchen den Esel. (Bild: Lupe)
Bild 2: Der Großvater lässt die Kinder zurück, weil er dem Esel Wasser bringen muss. (Bild: Eimer und Esel)
Bild 3: Sieh: Der Esel ist im Garten – die Petersilie schmeckt dem Esel. (Bild: selbst malen)
Bild 4: Die Kinder fangen ein Spiel an: Marcus will Paulla fangen. (Bild: spielende Kinder)
Bild 5: Aber Gaia gefällt das Spiel nicht. Deshalb tadelt sie ihren Bruder und ihre Schwester. (Bild: Sprechblase mit Blitz)
Bild 6: Die Kinder geben dem Pferd Getreide. (Bild: Mensch mit Pferd und Getreide)
Reihenfolge der Geschichte: Bild 6 – Bild 2 – Bild 4 – Bild 5 – Bild 1 – Bild 3

Lektion 9

3. Wörtermalen: Es ergibt sich das Bild eines Pferds.

AcI nach: videt – respondet – dicit – gaudet – putat – non ignorat – constat – audit – censet – licet

4. Der Esel und die Petersilie (1)

a) Asinus videt [avum venire]. Der Esel sieht, dass der Großvater kommt.
b) Asinus videt [liberos venire]. Der Esel sieht, dass die Kinder kommen.
c) Asinus videt [liberos bestias curare]. Der Esel sieht, dass die Kinder sich um die Tiere kümmern.
d) Asinus videt [etiam avum bestias curare]. Der Esel sieht, dass auch der Großvater sich um die Tiere kümmert.
e) Asinus videt [liberos frumentum apportare]. Der Esel sieht, dass die Kinder Getreide bringen.
f) Asinus videt [avum aquam apportare]. Der Esel sieht, dass der Großvater Wasser bringt.

5. Der Esel und die Petersilie (2)

Asinus audit [avum dicere]: »Liberi, hic exspectate!« Der Esel hört, dass der Großvater sagt: »Kinder, wartet hier!«
Asinus videt [liberos avo non parere]. Der Esel sieht, dass die Kinder dem Großvater nicht gehorchen.
Asinus videt [liberos ludum incipere]. Der Esel sieht, dass die Kinder ein Spiel beginnen.

Asinus videt [liberos celeriter currere]. Der Esel sieht, dass die Kinder schnell rennen.
Asinus videt [Marcum et Paullam gaudere]. Der Esel sieht, das Marcus und Paulla sich freuen.
Asinus gaudet [liberos libenter ludere] – et ad hortum properat. Der Esel freut sich, dass die Kinder gerne spielen – und eilt zum Garten.
Constat [ibi petrosilenum delicatum esse]. Es steht fest, dass es dort leckere Petersilie gibt / dass die Petersilie dort lecker ist.

Lektion 10

3. Bild zum Text
Heute ist eine große Menschenmenge auf dem Forum. Das Geschrei der Händler ist groß. Denn die Händler wollen ihre Waren verkaufen. Sieh: Hier verkaufen sie Togen und verschiedene Kleidungsstücke. Und dort können Frauen teuren und schönen Schmück kaufen. Aber Sextus beachtet das nicht: Er will weder eine Toga noch Schmuck kaufen. Denn er sieht, dass ein Händler Brot verkauft …

4. Formenpuzzle: s. Formentabelle im Buch

Lektion 11

3. Wörtermalen: Es ergibt sich das Bild von Romulus und Remus in einer Wanne.
AcI nach: censet – accipit – intellegit – videt – dicit – demonstrat – constat – putat – tradit

5. Romulus und Remus
1. Der Gott Mars …
2. Rhea Silvia bekommt Zwillinge …
3. Rheas Silvias Onkel hat Angst um seine Herrschaft …
4. Rhea Silvias Onkel gibt einem Sklaven den Auftrag …
5. Der Sklave …
6. Eine Wölfin findet die Kinder …
7. Ein Hirte …

Lektion 12

4. Formenmalen: Es ergibt sich das Bild von einer Figur in einem Streitwagen.
Perfektformen sind: volavisti – amavi – necavit – curavi – servavi – rapui – parui – erravisti – habitavit – aedificavistis – monuimus – intraverunt – incitavimus – toleravi – exspectavi

5. Bildergeschichte
1. Nachdem Romulus seinen Bruder getötet hatte, war er König in der Stadt Rom.
2. Weil die Römer keine Frauen hatten, bereiteten sie eine List vor: Sie luden die Sabiner zu Spielen ein …
3. … und raubten ihre Frauen und Töchter.
4. Dann bereiteten die Sabiner einen Krieg vor. Aber die Sabinischen Frauen …

Lektion 13

3. Formenmalen: Es ergibt sich das Bild von einer Ente (gekippt).
Perfektformen sind: egit – rupit – adiit – potui – flevi – venerunt – restituerunt – dedit – exstinxit

4. Stammformen: Das Lösungswort lautet »Gerücht«.

5. So ein Glück!
1. Incendium … – Ein Brand zerstörte das Geschäft des Händlers.
2. Familia … – Die Familie des Händlers verzweifelte über dieses Unglück.
3. Sed Sextus … – Aber Sextus gewährte dem Händler Hilfe.
4. Pecunia … – Er gab ihm Geld.
5. Ea pecunia … – Mit diesem Geld baute der Händler sein Geschäft wieder auf.
6. Murum … – Er reparierte die Mauer und füllte das Geschäft mit neuen Waren auf.
7. Nunc etiam plus … – Jetzt kommen sogar noch mehr Leute als früher; der Händler macht wieder Gewinn.
8. Itaque … – Deswegen will er Sextus danken.

6. Patron und Klient
Patron – Klienten – politische – Geld – Morgen – wählen

Lektion 14

5. Bildergeschichte
Bild 1: Mein Freund erzählte mir ein neues Gerücht. (Bild: Sprechblase)
Bild 2: Ich habe erfahren, dass die Truppen der Germanen den Rhein überquert haben. (Bild: Fluss mit Pfeil)
Bild 3: Mein Freund sagte, dass unsere Soldaten mit großer Tapferkeit gekämpft haben. (Bild: kämpfende Männchen)
Bild 4: Aber die Unsrigen konnten nicht gewinnen und zogen sich zurück. (Bild: fliehende Männchen)
Bild 5: Kaiser Augustus ist nicht glücklich. (Bild: schimpfendes Männchen mit Blitz-Sprechblase)
Bild 6: Daher … (Bild: eigenes Bild ergänzen)

Lektion 15

3. Formenmalen: Es ergibt sich das Bild eines gefüllten Einkaufskorbes (gekippt).
Imperfektformen sind: dabam – augebat – sciebam – ibas
Perfektformen sind: monuimus – legi – reppulit – credidit – arsit – risimus – dedit

5. Römische Ehen
Folgende Aussagen sind richtig: Paulla: 1. + 3.; Marcus: 1. + 2.

6. Bild zum Text: Apoll und Daphe
Amor war ein bedeutender Gott. Aber Apoll wollte das nicht glauben. Deshalb bewies Amor, dass er ein bedeutender Gott ist – und weckte in Apoll große Liebe.
    Apoll sah also ein schönes Mädchen – und er verliebte sich sofort in sie. Aber dieses Mädchen liebte Apoll nicht und wollte ihn auch nicht treffen. Immer versuchte Apoll sich ihr anzunähern, immer entfloh Daphne und zog sich in den Wald zurück. Dort wurde sie schließlich in einen Baum verwandelt.

Lektion 16

3. Formenmalen: Es ergibt sich das Bild eines Puppentheaters (gekippt).
Futurformen sind: ibo – servabit – abibis – ridebit – parabimus – aedificabit – necabitis – narrabo – putabis – orabitis – properabo

5. Hochzeit

Hochzeitsbrauch	damals	heute in Deutschland
Die Braut wird bei der Feier »entführt«, der Bräutigam muss sie suchen.	x	x
Der Bräutigam trägt die Braut über die Schwelle.	x	x
Das Brautpaar spricht ein Hochzeitsversprechen.	x	x
Die Braut trägt einen roten Schleier.	x	
Braut und Bräutigam sägen gemeinsam einen Baumstamm durch.		x
Die Braut opfert vor der Hochzeit ihr Spielzeug.	x	

Lektion 17

3. Formenmalen: Es ergibt sich das Bild eines Kamels.
Futurformen sind: colam – dicent – credet – metues – veniam – fugies

5. Langes oder kurzes e?: Das Lösungswort lautet »Tempus fugit«.

6. Aurelia und Gaia plaudern über Politik
Aurelia will, dass Gaias Mann eine große politische Karriere hat und alle Ämter anstrebt. Sie hält daher ihre Tochter dazu an, ihren Mann dabei zu unterstützen und z. B. sich schon einmal Gedanken zu machen, wer ihnen finanziell dabei helfen kann – Wahlkämpfe und die Ausrichtung der Spiele sind teuer.
Gaia ist das alles zu viel; sie möchte das Leben zusammen mit Titus genießen.